The English-Navajo Children's Picture Dictionary

Selected words and phrases

By

ROMAN de los SANTOS, Ed. D.

Illustrated by Raymond J. Johnson

Navajo Community College Press
Tsaile, Arizona 86556

The English-Navajo Children's Picture Dictionary

Selected words and phrases

By

ROMAN de los SANTOS, Ed.D.

Published by Navajo Community College Press
Tsaile, Arizona 86556

International Standard Book Number: 0-912586-72-9

Library of Congress Number: 91-053028

PREFACE

The *English-Navajo Children's Picture Dictionary* is an English language children's dictionary with Navajo translations. By using these translations, and also the accompanying English sentence employing the entry word and the pictures, Navajo-speaking students should be able to get a better understanding of each entry word's meaning. The book will also be helpful to those students who are learning to read Navajo, and to those who are learning the Navajo language.

The Navajo Language Sound System

The vowels in Navajo are: a, pronounced as in ''f*a*ther''; e, pronounced as in ''w*e*st''; i, pronounced as in ''s*i*t''; and o, pronounced as in ''n*o*te''. The diphthongs in Navajo are: ai, pronounced as in ''m*y*''; ao, pronounced as in ''c*ow*''; ei, pronounced as in ''s*ay*''; and oi, pronounced as in ''ch*ewy*''.

Navajo vowels may be either short or long. When long, the letter is doubled: aa, pronounced as in ''say '*aah*' ''; ee, pronounced as in ''y*eah*''; ii, pronounced as in ''s*ee*''; and oo, pronounced as in ''*oh,* I know him''.

In some words, Navajo vowels are nasal, i.e. pronounced through the nose. This is indicated by a hook (˛) under the letter or letters. Navajo ''bįįh'', deer, has a long i nasal vowel; ''biih'', in it, has a long i.

Vowels may also be high-toned, and this is marked with an accent (´). Navajo ''nizhí'', your voice, has a low i and then a high i; ''nízhi' '', your name, has a high i and then a low i.

Here are the letters used to write Navajo. Each letter is followed by, when the sound exists in English, an English word with the sound, a Navajo word with the sound, and the Navajo word's approximate translation:

a	f*a*ther	*a*be'	milk
ą	l*ung*	bik*ą*'	male

á	—	*á*din	none
ą́	—	s*ą́*	old age
aa	*aa*h	aj*aa*'	ear
ąą	—	*ąą*'át'é	it's open
áá	—	*áá*dóó	and then
ą́ą́	—	naad*ą́ą́*'	corn
ai	m*y*	h*ai*	winter
ao	c*ow*	tsind*áo*	penny
b	*b*ed	*b*ááh	bread
ch	*ch*air	*ch*izh	firewood
ch'	—	*ch'*ah	hat
d	*d*o	*d*iné	man
dl	—	*dl*ǫ́ǫ́'	prairie dog
dz	da*ds*	*dz*ił	mountain
e	f*e*d	ab*e*'	milk
ę	s*ang*	dooh*ę*s	it will itch
é	—	ts*é*	rock
ee	*yeah*	b*ee*'eldǫǫh	gun
ęę	—	s*ęę*s	wart
éé	—	*éé*'	clothes
ę́ę́	—	-d*ę́ę́*'	from
ei	*say*	*éí*	that

g	s*k*y	*g*ah	rabbit
gh	—	a*gh*aa'	wool
h	*h*and	*h*ágo	come here
hw	—	go*hw*ééh	coffee
'	oh_oh	di'_il	hairy (' is called a "stop")
i	*i*n	*i*ł	pine branch
į	s*i*ng	t*į*'	let's go
í	—	sh*í*la'	my hand
į́	—	j*į́*	day
ii	—	*ii*ná	life
įį	—	b*įį*h	deer
íí	s*ee*	d*íí*	this
į́į́	—	ł*į́į́*'	horse
j	*j*ack	*j*ooł	ball
k	*k*ill	*k*in	house
k'	—	*k'*ad	now
kw	*qu*ick	*kw*e'é	right here
l	*l*and	*l*ájish	glove
ł	—	*ł*id	smoke
m	*m*an	*m*ásí (*m*ósí)	cat
n	*n*ow	*n*i'	ground
o	n*o*te	hág*o*	come here

ǫ	so*ng*	kǫ'	fire
ó	—	*ó*lta'	school
ǫ́	—	hól*ǫ́*	there is
oo	*oh*	*oo*ljéé'	moon
ǫǫ	—	deesd*ǫǫ*h	it exploded
óó	—	ł*óó*'	fish
ǫ́ǫ́	—	dl*ǫ́ǫ́*'	prairie dog
oi	ch*ewy*	deesd*oi*	hot
s	*s*o	*s*aad	word
sh	*sh*ip	*sh*ash	bear
t	*t*op	*t*in	ice
t'	—	*t'*iis	cottonwood
tł	—	di*tł*éé'	wet
tł'	—	*tł'*ízí	goat
ts	ha*ts*	*ts*é	rock
ts'	—	*ts'*ah	sagebrush
w	*w*ill	a*w*éé'	baby
x	—	łits*x*o	orange (x is the same as an h and is used after an s to avoid sh)
y	*y*ellow	*y*as	snow
z	*z*oo	a*z*id	liver
zh	plea*s*ure	ni*zh*óní	pretty

ABOUT THE AUTHOR

Roman de los Santos, is originally from both Guam and from the Commonwealth of the Northern Marianas Island (CNMI). The CNMI is under the auspices of the U.S. government.

The author received his Doctor of Education (Ed.D.) degree in Multicultural Teacher and Childhood Education with a minor in Intercultural Communication from the University of New Mexico in December, 1991. Dr. de los Santos, completed his Educational Administration and Supervision Specialist program in 1987 at UNM. In addition, he achieved his Master's degree in 1974 (MST), and Bachelor of Arts degree (BA) in 1971 from Portland State University, Portland, Oregon.

Dr. de los Santos is a certified "Life" community college instructor in Social Sciences in the State of Arizona; as a school administrator in the state of New Mexico and is certified as a secondary teacher in social Sciences and Fine Art.

I would like to thank the following people for their generous advice in preparing this dictionary: Dr. Robert W. Young, University of New Mexico; Dr. William Morgan, Navajo Nation; Mr. Steven Nichols, Operations Manager of the Jacques Cattell Press for his patience cooperation and interest to see this book published. Navajo Community College played a major role in the overall development of this work in collaboration with Dr. de los Santos and other professionals knowledgeable in Navajo language, culture and education. Special thanks to Mr. Ed McCombs, Director of the Navajo Community College Press, and Anna L. Walters, English instructor at Navajo Community College for accepting this manuscript for publication.

Also special thanks to Ms. Martha Austin for her devoted long hours of hard work in assisting the author to proof read the Navajo sentences before the final publication. Ms. Austin presently works at the Navajo Community College Campus in Shiprock, New Mexico as an instructor of advanced Navajo language courses.

The intention of this project, *The English-Navajo Children's Picture Dictionary* is written to help both, preserve the Navajo Vocabularies as they are invented in the Navajo written language and to provide a Children's Navajo language dictionary.

The author is solely responsible for any errors in this dictionary.

English Word and English Sentence with the Word	Rough Translation of Navajo Word and Translation of English Sentence

A a

***a**
John has *a* ball.

ła'—a
Jáan jooł *ła'* nei'á.

***abalone**
The thin Man gave my father an *abalone*.

diichiłí—abalone
Hastįį Ts'ósí shizhé'é *diichiłí* ła' yeiní'ą.

***able**
He is *able* to ride a horse.

yiyiichįįh—he is able to do it
Łį́į' nabiyé *yiyiichįįh*.

***above**
The cloud is *above* the house.

bikáa'gi—at a place above
K'os kin *bikáa'gi* dah si'ą.
or bikáa'di

***ace**
She pulled out an *ace*.

éis áás—ace
Áás hayíítą.

***aches**
Gerald's tooth *aches*.

diniih—it aches
Jéwo biwoo' *diniih*.

***acre**
We bought an *acre* of land to build our house.

kéyah t'ááłáhágo haz'ą—one acre
Kéyah 'kin bikáá' nidoot'ááł biniyé t'ááłáhágo haz'ą nidahaalnii.

***across**
The sheep went *across* the road.

tsé'naa—across
Dibé atiin *tsé'naa* niníjéé'
or ha'naa

***adobe**
A Lot of the mud turned to *adobe*.

bis—adobe
Hashtł'ish *bis* daazlį́'ígíí t'óó ahayóí.

***above**
The cloud is *above* the house.

English Word and English Sentence with the Word	Rough Translation of Navajo Word and Translation of English Sentence
***advice** His *advice* is usually good.	**bina'nitin**—his advice *Bina'nitin* t'áá áłahjį' yá'át'éeh łeh.
***afraid** My dog is *afraid* of his own shadow.	**yináldzid**—he is afraid of it Shiléécháą'í t'áá bí bichaha'oh *yináldzid.*
***after** Who will read *after* Sam?	**bikéé'dóó-dóó bik'ijį'**—after bikéé'dóó Háishą' Sę́ęm *yiyííłta'ígíídóó bik'ijį'* náá'íidoołtah
***afternoon** The children leave school in the *afternoon.*	**ałné'é'ááhdóó bik'ijį'**—in the afternoon Áłchíní *ałné'é'ááhdóó bik'ijį'* nida'iiłtááh.
***again** If you do it *again,* it will be perfect.	**náá'áłdó'**—once again *Náá'áłdó'* íinilaago éí t'áá ałtso yá'át'éeh doo.
***against** The children stood *against* the car to pose for pictures.	**binahjį'**—against it Áłchíní chidí *binahjį'* adabi'diiskid.
***agree** I will only *agree* to come on Sunday.	**bee lą́ adeeshłeeł**—I will agree to it. Damóo náshdáahgo t'éiyá *bee lą́ adeeshłeeł.*
***ahead** Calvin won the foot race because he was *ahead* of me.	**shilą́ąjį'**—ahead of me Kéwin shaa diilwod háálá doo deeghánígóó *shilą́ąjį'* eelwod.
***air** Nancy filled the tire with *air.*	**níłch'i**—air Nę́ęsii chidí bikee' *níłch'i* yee yii' 'íísol.
***airplane** He went to Window Rock by *airplane.*	**chidí naat'a'í**—airplane Tségháhoodzánígóó *chidí naat'a'í* yee ííyá.

***against**
The children stood *against* the car to pose for pictures.

English Word and English Sentence with the Word

Rough Translation of Navajo Word and Translation of English Sentence

***airport**
She lives near the *airport.*

chidí naat'a'í nánídaahígíí—airport
Chidí naat'a'í nánídaahígíí bíighahgi bighan.

***alfalfa**
The goat ate too much *alfalfa.*

tł'ohwaa'í—alfalfa
Tł'ízí *tł'ohwaa'í* ádeiyoolchozh lá.

***algae**
The pond is covered with *algae.*

tátł'id—algae
Be'ek'id hayázhí bii'*tátł'id* hadeezbin.

***alike**
All the lambs look *alike.*

ahidaałt'é—they are all alike
Dibé yázhí t'áá ałtso t'áá *ahidaałt'é* nahalin.

***alive**
The spider is still *alive.*

hiná—it is alive
Na'ashjé'ii t'ahdii *hiná.*

***all**
All of the sheep skin beddings are wet.

t'áá át'é—all of them
Yaateeł *t'áá át'é* daditłéé'.

***turtle**
There is a *turtle* going across the road.

ts'isteeł—turtle
Ts'isteeł léi'atiin ha'naa yigáát.

***almost**
It is *almost* noon.

k'adę́ę—it is almost
k'adę́ę ałné'é'aah.

***alone**
My grandmother lives *alone.*

t'áá sáhí—alone
Shimásání *t'áá sáhí* bighan.

***already**
He has *already* finished building the corral.

t'áá íídą́ą́'—already
T'áá íídą́ą́' dibéeghan áyiilaa lá.

***alike**
All the lambs look *alike.*

English Word and English Sentence with the Word	**Rough Translation of Navajo Word and Translation of English Sentence**
***also** He is unhappy and *also* angry.	**ałdó'**—also T'áá íiyisíí doo bił hózhǫ́ǫ da áádóó t'áá íiyisíí *ałdó'* bíníyii'a'á.
***always** When we travel we are *always* hungry.	**t'áá ałaháji̧'**—always Ch'aa nideiikaigo *t'áá ałaháji̧'* dichin bik'e áyéé'.
***among** There is one very tall man *among* those people living here.	**bitahgi**—among them Díí diné kǫ́ǫ kééhat'ínígíí *bitahgi Ts'ídá t'áálá'í diné aghá áníłnéez* .
***ancestors** Our *ancestors* probably had many enemies.	**nihizází**—our ancestors *Nihizází* be'ana'í t'óó adahayóí nít'éé' sha'shin.
***and** His dog *and* cat are fighting.	**dóó**—and Biléécha̧a̧'í *dóó* bimósí ahigá̧.
***angry** I am *angry* because my younger brother is so lazy.	**bich'ah hoshishké**—I am angry at him Sitsilí bił hóyée'go biniinaa *bich'ah hoshishké*.
***animal** A coyote is an *animal*.	**naaldlooshii**—animal Ma'ii *naaldlooshii* át'é.
***ankle** My *ankle* hurts because I twisted it.	**shikétsíín gónaa**—along my ankle *Shikétsíín gónaa* shił honeesgai háálá shikétsíín ałk'íséłgis.
***another** Here comes *another* man.	**náánáła'**—another Aadę́ę́' diné *náánáła'* náánáádááł.

***among**
There is one very tall man *among* those people living here.

English Word and English Sentence with the Word	Rough Translation of Navajo Word and Translation of English Sentence
***ant** A black *ant* is an insect.	**wólázhiní**—black ant *Wólázhiní* ch'osh át'é.
***antenna** My car's *antenna* is bent.	**bá íí'áhígíí**—its antenna Shichidí nílch'i halne'í *bá íí'áhígíí* yiitaaz.
***antlers** The young buck is starting to grow it's *antlers.*	**bidee'**—its antlers Bįįhką' yáázh k'adę́ę *bidee'* haleeh.
***anybody** *Anybody* can learn to sing.	**t'áá háida**—anybody T'áá bíhólníhígíí *t'áá háida* sin shįį yíhwiidooł'ááł.
***anywhere** Is my wallet anywhere?	**háadida**—anywhere Shibéeso bizis'ísh doo *háadida* si'ą́ą da?
***ape** The *ape* is scratching itself.	**magítsoh**—ape *Magítsoh* ádích'id.
***apple** That *apple* tasted good to me.	**billasáana**—apple Éidí *bilasáana* ayóigo shił łikan.
***appreciate** I *appreciate* your help.	**baa ahééh nisin**—I appreciate it Shíká íínílwodígíí t'áá íiyisíí *baa ahééh nisin.*
***April** People start to the plant in *April.*	**T'ą́ą́chil**—April *T'ą́ą́chil* bini diné k'ida'dile' łeh.
***argue** They always *argue* with each other.	**na'ahíyádaalti'**—they argue with each other Ts'ídá t'áá áłahájį' *na'ahíyádaalti'.*

***argue**

They always *argue* with each other.

English Word and English Sentence with the Word	Rough Translation of Navajo Word and Translation of English Sentence
***arid** Our land is very *arid.*	**nááltsei**—arid Nihikéyah t'áá íiyisíí *nááltsei.*
***arm** Your *arm* is dirty.	**nigaan**—your arm *Nigaan* t'óó baa'ih.
***armor** It seems like the horned toad's skin is like an *armor.*	**béésh'éé'**—armor Na'ashǫ́'ii dich'ízhii bikágí *béésh'éé'* nahalin.
***armpit** Wash your *armpit* too.	**nich'áayah**—your armpit *Nich'áayah* góne' ałdó' tááhógis.
***army** My uncle was in the *army* for two years.	**siláo ídahoołʼaahdi**—at the army Shidá'í *siláo ídahoołʼaahdi* naaki bináánai.
***aroma** The fried meat has a nice *aroma.*	**ajį́į' halchin**—it has a nice aroma Atsį' sit'éego t'áá íiyisíí *ajį́į'* halchin.
***around** Look *around* you.	**ninaagóó**—around you *Ninaagóó* nanighal.
***arrow** He broke the *arrow* in two.	**K'aa'**—arrow *K'aa'* ałníí' gónaa k'íiníti'.
***as far as** He drove *as far as* Wheatfields.	**-jį'**—as far as Níléí Tódzís'áa*jį'* bił ni'ílwod.
***ashes** He swept the *ashes* away.	**łeeshch'iih**—ashes *Łeeshch'iih* nahgóó ałtso ayíishóó'.

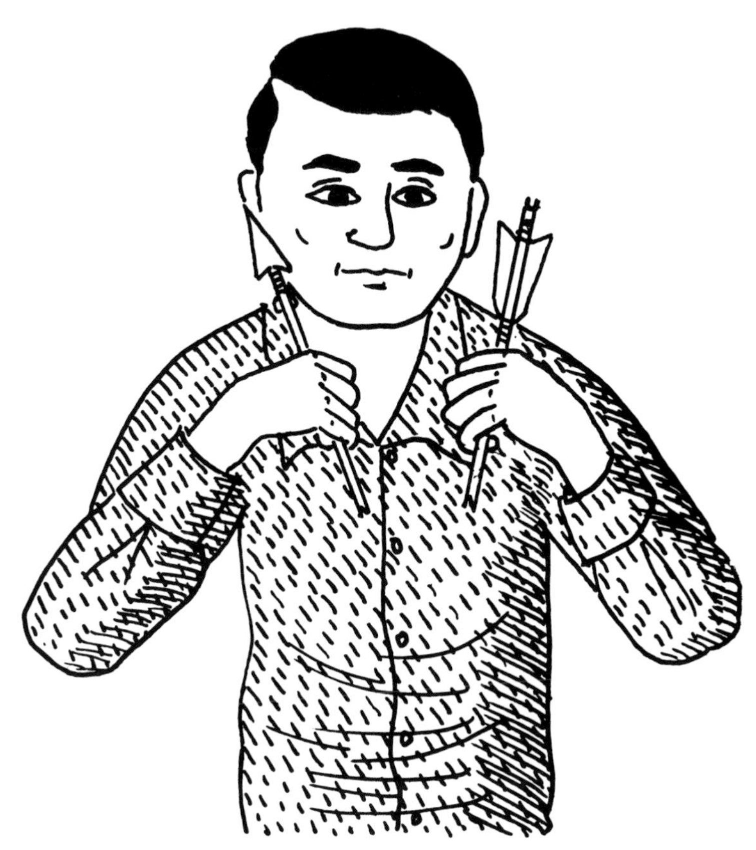

***arrow**
He broke the *arrow* in two.

English Word and English Sentence with the Word	Rough Translation of Navajo Word and Translation of English Sentence
***ask** I go to the store every day and *ask* for my mail.	**bína'ná'ídíshki'**—I ask for it Ts'ídá t'áá ákwííjį́ naalyéhí bá hooghandi shinaaltsoos *bína'ná'ídíshki'*.
***asleep** The little girl is *asleep*.	**ałhosh**—she is asleep At'ééd yázhí *ałhosh*.
***aspen** She climbed the *aspen* tree.	**t'iisbéáí**—aspen *T'iisbéáí* yą́ąh haas'na'.
***assistant** My *assistant* usually works hard.	**shikéé' góne' bíhólníhígíí**—my assistant *Shikéé' góne' bíhólníhígíí* t'áá áłahíjį' ayóigo naalnish.
***at** He is *at* home.	**-di**—at T'áá hooghan*di* sidá.
***attend** I *attend* the rodeo in the summertime.	**náshí'nááł**—I attend Shį́į́go t'áá na'ahóóhai nída'adleehgóó *náshí'nááł* .
***audience** Thank-you, my *audience,* for listening to my speech.	**kwá'ásiní**—audience Ahéhee', *kwá'ásiní,* dashíísółts'ą́ą'go nihich'į' yááłti'.
***August** Some corn are ripe in *August*.	**Bini'anit'ą́ą́ts'ózí**—August *Bini'anit'ą́ą́ts'ózí* bini naadą́ą' ła' danit'į́įh.
***aunt** My *aunt* is very stingy.	**shimá yázhí**—my aunt *Shimá yázhí* ayóigo bił hatsoh.
***automobile** His *automobile* was fixed at Shiprock.	**bichidí**—his automobile *Bichidí* Naat'áanii Néezdi bá ánályaa.

***asleep**
The little girl is *asleep*.

English Word and English Sentence with the Word

***autumn**
Children return to school in *autumn* when the leaves are falling out of the trees.

***away**
The cowboy went *away.*

***awful**
His work is *awful.*

***ax**
That old lady still can use an *ax.*

Rough Translation of Navajo Word and Translation of English Sentence

aak'eego—in the autumn
Áłchíní *aak'eego* at'ąą' nidanidéehgo ólta'góó anáhákááh.

dah diiyá—he went away
Akał bistłee'ii *dah diiyá.*

t'óó baa'ih—awful
Binaanish t'áá íiyisíí *t'óó baa'ih.*

tsénił—ax
Níléí asdzą́ą́ sání *tsénił* t'ahdii yee ahi'diłne' lá.

***ax**
That old lady still can use an *ax*.

English Word and English Sentence with the Word	Rough Translation of Navajo Word and Translation of English Sentence

B b

***baby**
A newborn *baby* can cry, but it can't laugh.

awéé'—baby
Awéé' ániid yizhchíinii t'óó hanáchah łeh, doo yidloh da.

***babysitter**
The *babysitter* is fifteen years old.

awéé' yésdáhí—babysitter
Awéé' yésdáhí ashdla'áadah binááhai.

***back**
Please scratch my *back*.

shíígháán—my back
T'áá shǫǫdí *shíígháán* shá nich'id.

***backward**
My brother drove my car *backward* for me.

t'ąą' néideesbąąz—he drove it backward.
Shínaa'í shichidí *t'ąą'* shá *néideesbąąz*.

***bacteria**
Some *bacteria* are dangerous.

ch'osh doit'íinii—germs
Ch'osh doit'íinii ła' t'óó báádahadzid.

***bad**
Stop being *bad!*

ne'édíláah—you are being bad
T'áadoo *ne'édíláhí*!

***badger**
The *badger* was walking around last night.

nahashch'id—badger
Nahashch'id tł'éé'dąą' ła' nahgóó naagháá nít'éé' lá.

***bag**
My mother has apples in her *bag*.

be'azis—her bag
Shimá *be'azis* bilasáana bii' si'ą.

***bakery**
A *bakery* is where many cakes and breads are made.

bááh ádaal'íní—bakery
Bááh ádaal'íį góne' bááh dóó bááh łikaní ádaal'į

***bald**
My uncle is *bald*.

bítáá' háát'óód—he is bald
Shidá'í *bítáá' háát'óód*.

***back**
Please scratch my *back*.

English Word and English Sentence with the Word	Rough Translation of Navajo Word and Translation of English Sentence
***bale** I gave him a *bale* of hay.	**tł'oh ła' baa ní'ą́**—I gave him a bale of hay *Tł'oh ła' baa ní'ą́.*
***ball** Let's bounce the *ball.*	**jooł**—ball *Jooł* nihínídiilniih dooleeł.
***balloon** The *balloon* popped.	**naats'ǫǫdii bii' ná'álzołígíí**—balloon *Naats'ǫǫdii bii' ná'álzołígíí* diitaa' deeshchxosh.
***banana** The *banana* became soft.	**hashk'aan**—banana *Hashk'aan* dit'ódí silį́į́' lá.
***bandage** He cut his knee and needs a *bandage.*	**bá bik'ídidoodis**—it will be wrapped onto it for him Bigod yizhgish lá áko *bá bik'í'didoodis.*
***bang** The gun went *bang.*	**dóon**—bang Bee'eldǫǫh deesdǫǫhgo *dóon* yiists'ą́ą́'.
***bank** Some Navajo people keep their money in a *bank.*	**béeso bá hooghan**—bank Naabeehó dine'é ła' *béeso bá hooghan* góne' béeso ła' a'ą́ą́ neisnil lá.
***bar** John met a friend in the *bar,* and they drank beer together.	**da'jidlání**—bar Jáan bik'is ła' *da'jidlání* góne' yik'íníyáago bizhéé' hólóní yił yoodlą́ą́' lá.
***barbed wire** He put up *barbed wire* around his field.	**béésh adishahí**—barbed wire *Béésh adishahí* bikéyah yinéist'i'.

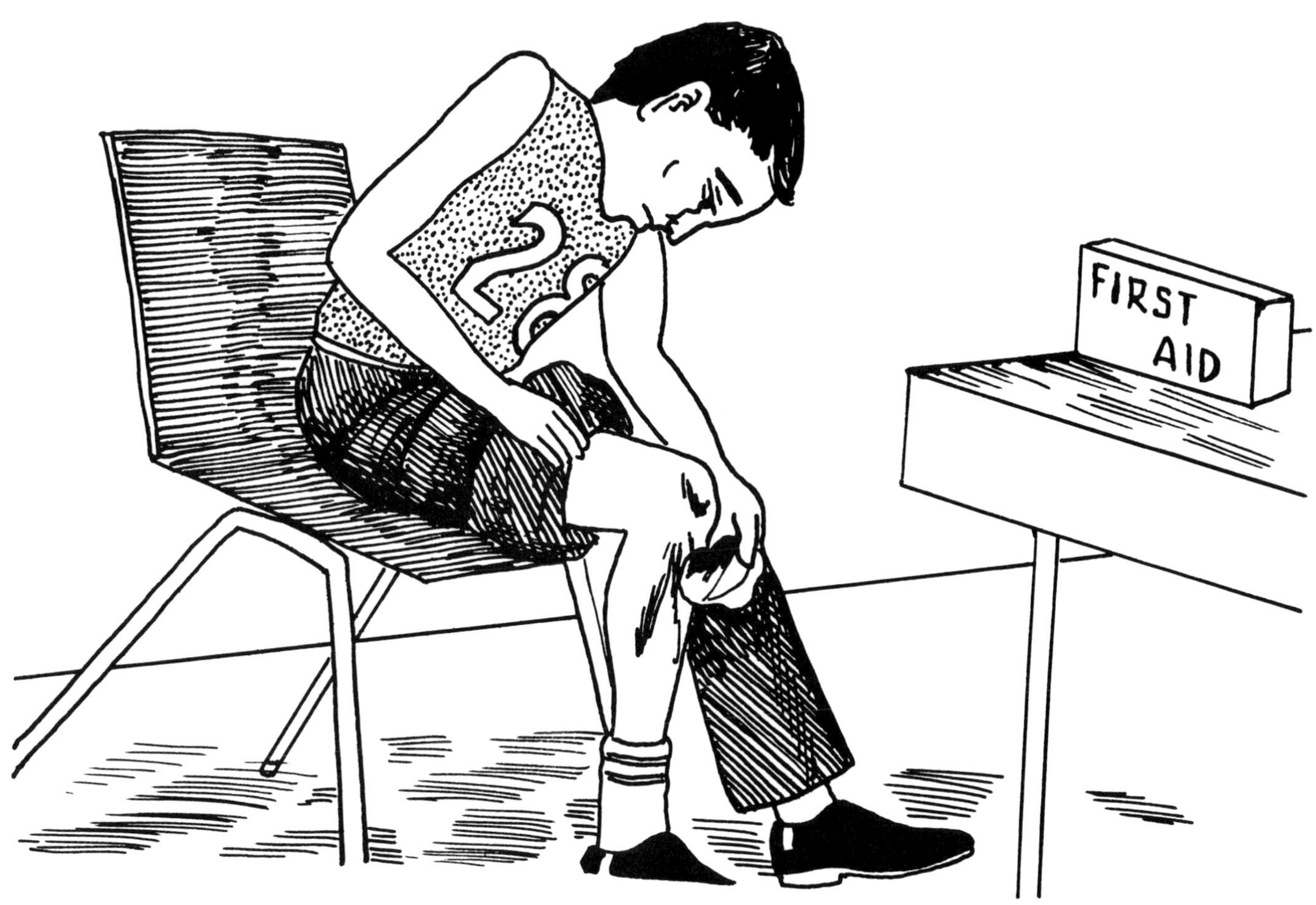

***bandage**
He cut his knee and needs a *bandage*.

English Word and English Sentence with the Word	Rough Translation of Navajo Word and Translation of English Sentence
***barber** The *barber* cut his hair short.	**ná'áshéhígí**—barber *Ná'áshéhígí* bitsii' áłts'íísígo yá yiyíishéé' lá.
***barbershop** He never goes to a *barbershop* because his wife cuts his hair.	**tsiighá daalzhéhígóó**—to a barbershop Doo *tsiighá daalzhéhígóó* naagháa da, bi'asdzą́ą́ t'éiyá bá ná'ásheh.
***bark** She started a fire with cedar *bark*.	**azhííh**—cedar bark *Azhííh* yee diidííłjéé'.
***barrel** Let's fill the *barrel* with water.	**tóshjeeh**—barrel *Tóshjeeh* tó bii' hadadidiilbį́į́ł.
***baseball** They played *baseball* until it got dark.	**jooł daakalígíí**—baseball *Jooł daakalígíí* t'áá yee nidaanéego hiłiijį́į́'.
***bashful** When my younger sister is with boys, she's very *bashful*.	**yaa yánízin**—she is bashful about it Shideezhí ashiiké yinááłgo ayóigo *yaa yánízin*.
***basket** My mother carries corn in a *basket*.	**ts'aa'**—basket Shimá naadą́ą́' *ts'aa'* yee neiká.
***basketball** Who will pump up the *basketball?*	**jooł iih nídaalniihígíí**—basketball Háishą' *jooł iih nídaalniihígíí* yii' ní'doosoł?
***bat** There is a *bat* in that cave.	**jaa'abaní**—bat *Jaa'abaní* éí tsé bii' ahoodzání góne' ła' hólǫ́ǫ́ lá. (Tsé'áán-cave)

***baseball**
They played *baseball* until it got dark.

English Word and English Sentence with the Word	Rough Translation of Navajo Word and Translation of English Sentence
***bath** That boy will take a *bath* later.	**tá'ádídoogis**—he will wash himself Ei ashkii át'ah índída t'áá sizį́į nít'éé' *tá'ádídoogis.*
***bathroom** The *bathroom* is painted blue.	**tá'ádazdigisí**—bathroom *Tá'ádazdigisí* góne' t'áá át'é dootł'izhgo hashdléézh.
***battery** My car's *battery* is dead.	**bijéí**—its battery Shichidí *bijéí* daaztsą́ą́ lá.
***battle** They fought a *battle* in Vietnam.	**da'ahoogą́ą́'**—they fought each other Hwíí'néem hoolyéhídi atah *da'ahoogą́ą́'.*
***beach** The children ran toward the *beach.*	**nihiníyį́įgóó**—toward the beach Áłchíní tóniteel *nihiníyį́įgóó* ííjéé'.
***beads** She wears turquoise *beads.*	**biyo'go**—as her beads Dootł'izhii *biyo'go* bizéédéijéé' lá.
***beans** *Beans* taste really good to me.	**naa'ołi**—beans *Naa'ołi* ayóigo shił łikan.
***bear** The *bear* climbed the tree.	**shash**—bear *Shash* tsin yą́ąh haas'na'.
***beard** The old man has a white *beard.*	**bidághaa'**—his beard Hastįį sání *bidághaa'* ałtso *yiigaii* lá.
***beautiful** We think our land is *beautiful.*	**áhonoolningo**—as beautiful country Nihikéyah ayóí *áhonoolningo* baa nitsídeiikees.

***beard**
The old man has a white *beard*.

English Word and English Sentence with the Word	Rough Translation of Navajo Word and Translation of English Sentence
***beaver** I saw a *beaver* over at the creek.	**chaa'**—beaver *Chaa'* léi' tó nílínídi yiiłtsą́.
***became** The lamb *became* a large sheep.	**silį́į́'**—it became it Dibé yázhí dibé t'áá nitsxaazii *silį́į́'* lá.
***because** We want to work *because* we need the money.	**bacause**—háálá T'áá íiyisíí nidadiilnish *háálá* béeso éí t'áá íiyisíí ła' daniidzin.
***bed** At night I sleep in my *bed.*	**shitsásk'eh**—my bed Tł'ée'go *shitsásk'eh* bii' nishtééh.
***bedroom** She found her comb in the *bedroom.*	**da'nijahí**—bedroom Bibé'ézhóó' *da'nijahí* góne' nínéidiitą́.
***bee** A *bee* stung me and it really hurt.	**tsés'ná**—bee *Tsés'ná* shishishgo ayóigo neezgai.
***beef** We will eat some *beef* this evening.	**béégashii bitsį'**—beef I'íí'ą́ągo *béégashii bitsį'* ła' diilghał.
***beer** This *beer* is very foamy.	**bizhéé' hólóní**—beer Díí *bizhéé' hólóní* bitáliwosh t'óó ahayóí.
***before** Go home *before* sundown.	**t'ah doo**—before *T'ah doo* e'e'aahgóó hooghangóó nihéédíídááł.
***beg** If you *beg* him he might help us.	**néiniką́ąhgo**—if you beg him *Néiniką́ąhgo* shį́į́ nihíká adoolwoł.

***bedroom**
She found her comb in the *bedroom*.

English Word and English Sentence with the Word	Rough Translation of Navajo Word and Translation of English Sentence
***begin** The dance will *begin* at dark.	**adazh'dí'nóolzhish**—the dance will begin Hózhǫ́ hiłiijį́į'go *adazh'dí'nóolzhish* da'jilzhish doo.
***behave** I *behave* properly when my grandmother visits us.	**doo shé'édíláah da**—I behave properly Shimásání nihaa yigháahgo *doo shé'édíláah da* teh.
***behind** Jonah is hiding *behind* the tree.	**bine'dę́ę́'**—behind it Jóona tsin íí'áhígíí *bine'dę́ę́'* nídeest'į́į́'.
***believe** Linda does not *believe* me.	**shoodlą́**—she believes me Lį́įda doo *shoodlą́ą* da.
***bell** The goat has a *bell* around it's neck.	**yoo'**—bell Tł'ízí *yoo'* bizéé'dée'ą́.
***belongs** This table *belongs* to him.	**bí**—it is his Díí bikáá'adání éí *bí.*
***below** The horses are grazing *below* the mesa.	**biyaagi**—at below it Níléí dah azkánígíí *biyaagi* łį́į́' da'ałchozhgo naakai.
***belt** He made a *leather* belt.	**sis**—belt Akał *sis* áyiilaa.
***beneath** Sometimes there is water *beneath* the earth.	**biyaadę́ę́'**—beneath it Łahda díí nahasdzą́ą́ *biyaadę́ę́'* tó hólǫ́ǫ łeh.
***bent** Her knife is *bent.*	**yiitaaz**—it is bent Bibéézh *yiitaaz.*

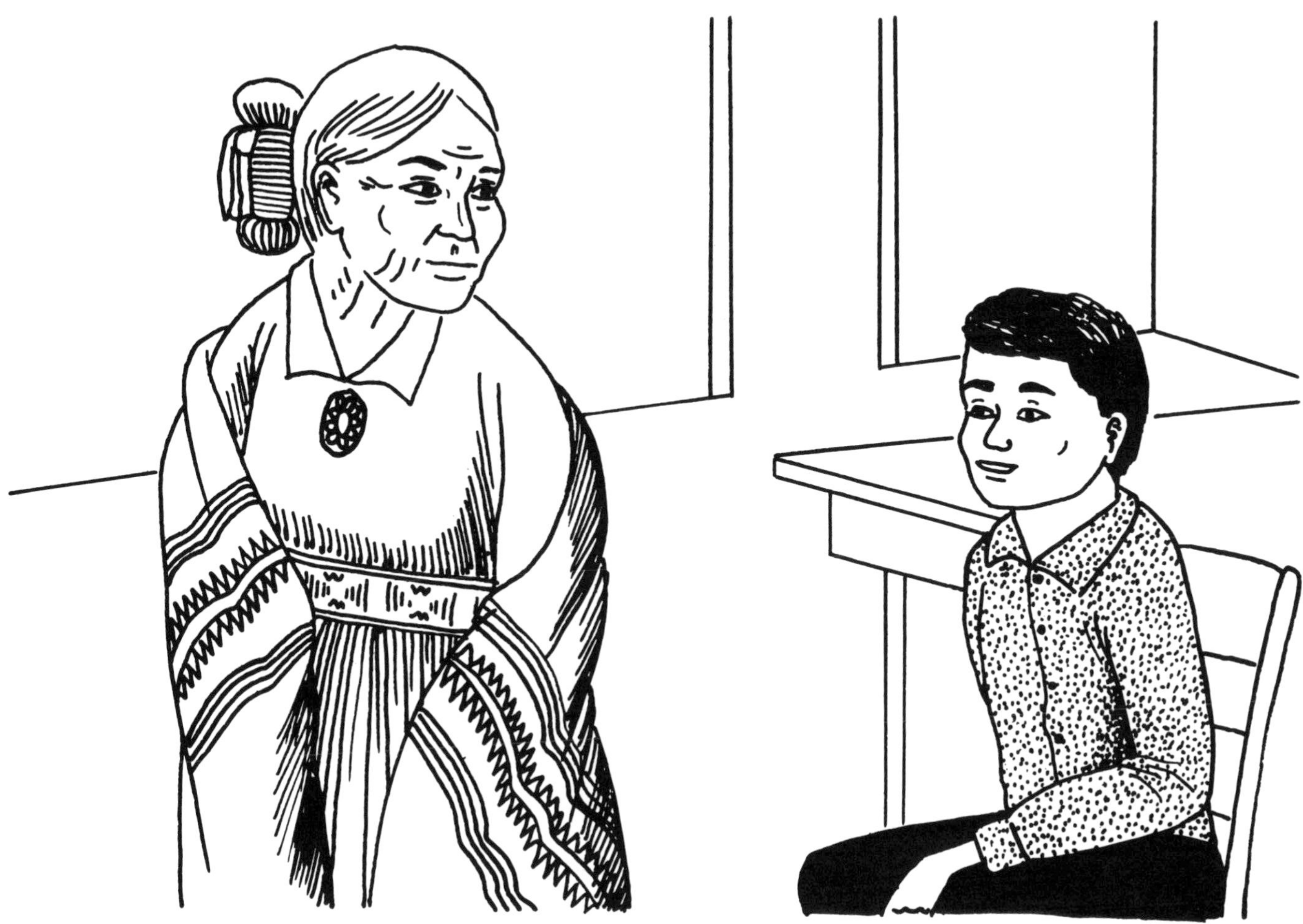

***behave**

I *behave* properly when my grandmother visits us.

English Word and English Sentence with the Word	Rough Translation of Navajo Word and Translation of English Sentence
***berry** The *berry* was sour.	**didzé**—berry Ei *didzé* ayóigo dík'ǫ́ǫ́zh lá.
***beside** Let's sit *beside* the rock.	**bíighahgi**—at beside Díí tsé si'ánígíí *bíighahgi* siikée doo.
***best** These are my *best* shoes.	**aláahdi**—the most Díí kéhígíí t'áá íiyisíí *aláahdi* shił yá'át'ééh.
***better** He sings *better* than I do.	**shiláahgo**—better than me El hataałígíí *shiláahgo* nizhónígo hataał.
***between** The ball rolled *between* my legs.	**bita' góne'**—in between them Jooł shijáád *bita' góne'* íímááz.
***beyond** Our house is *beyond* the wash.	**biláahdi**—beyond it Nihikin níléí *cháshk'eh biláahdi* si'ą́.
***bicycle** My *bicycle* has a flat tire.	**Sidzi'izí**—my bicycle *Sidzi'izí* bikee' sits'ą́ą́' niiłtsǫǫz.
***big** Here is a *big* ball.	**áníłtsoh**—big Díí jooł ayóí *áníłtsoh*.
***bill** The bird has a long *bill*.	**bidaa'**—its bill Tsídii *bidaa'* ayóí áníłnééz.
***binoculars** He looked through his *binoculars* and saw his horses.	**bee'adéest'į'í**—binoculars *Bee'adéest'į́'í* yee déez'įį'go bilį́į́' yee yiyiiłtsą́.

***beside**
Let's sit *beside* the rock.

English Word and English Sentence with the Word	**Rough Translation of Navajo Word and Translation of English Sentence**
***bird** A *bird* landed on the car.	**tsídii**—bird *Tsídii* chidí yikáá' dah neezdá.
***bit** The snake *bit* the calf.	**yishxash**—it bit it Tł'iish béégashii yáázh *yishxash* (yiyíílchxį').
***bite** Let's *bite* our apples.	**diilghash**—let's bite them Nihibilasáana ła' *diilghash*.
***bitter** The coffee tasted *bitter.*	**dích'íí'**—it is bitter Gohwééh *dích'íí'*.
***black** Our leader's shirt is *black*.	**łizhin**—black Nihinanit'a'í bi'éé' *łizhin*.
***blame** The boys *blame* Irvin for the broken window.	**yik'idahodii'ą́**—they blame him Ashiiké Irvin tsésǫ' yists'il daa níigo *yik'idahodii'ą́*.
***blanket** I am going to cover myself with the *blanket*.	**beeldléí**—blanket *Beeldléí* ák'ídeeshtih.
***blind** That dog acts like it's *blind*.	**bináá' ádin**—it is blind Níléí łééchąą'í *bináá' ádin* nahalingo naaghá.
***blizzard** There is a *blizzard* outside, so let's stay in here.	**chííl bił níyol**—there is windblown snow Tł'óo'di t'óó báhádzidgo *chííl bił níyol*, t'áá kóne' siikée doo.
***bloated** The ram was *bloated* and died.	**niilyoolgo**—when it was bloated Deenásts'aa' *niilyoolgo* sits'il dóó daaztsą́.

***black**
Our leader's shirt is black.

English Word and English Sentence with the Word	Rough Translation of Navajo Word and Translation of English Sentence
***blood** Where did you put the sheep's *blood?*	**bidił**—its blood Háadishą' dibé *bidił* nííníką́?
***blossoms** The peach tree is covered with *blossoms.*	**bílátah da'iichii'**—it is blossoming Dzidétsoh *bílátah da'iichii'*.
***blow** *Blow* on your hand.	**nisoł**—blow on it Níla' *nisoł.*
***blue** The sky is usually *blue.*	**dootł'izh**—blue-green Yá éí *dootł'izh* łeh.
***boards** He made his house out of *boards.*	**tsiniheeshjíí'**—boards *Tsiniheeshjíí'* yee bikin áyiilaa
***boat** I have never been on a *boat.*	**tsinaa'eeł**—boat Ts'ídá t'ah doo *tsinaa'eeł* biih yisháah da.
***body** The doctor took good care of my *body.*	**sits'íís**—my body Azee'íįł'íní *sits'íís* nizhónígo shá yaa áhályą́ą́ nít'éé'.
***boil** *Boil* the corn.	**niłbéézh**—boil it Naadą́ą́' *niłbéézh.*
***bone** The dog chewed on a *bone.*	**ts'in**—bone Łééchąą'í *ts'in* yíyíígháázh.
***book** Give me the *book.*	**éí naaltsoos shaa ní'aah**—give me the book *Ei naaltsoos shaa ní'aah.*

***book**
Give me the *book*.

English Word and English Sentence with the Word

Rough Translation of Navajo Word and Translation of English Sentence

***boots**
The rain ruined his *boots.*

akałii bikee'—cowboy boots
Nahóółtą́ągo bikee' nástłée'go *akałii bikee'ę́ę* yiyííłchxǫ'.

***border**
He lives on the *border* of the Navajo Reservation.

bináhásdzo—its border
Diné *bináhásdzo* bibą́ąhgi bighan.

***born**
She was *born* last winter.

yizhchį́—she was born
Haidą́ą' *yizhchį́.*

***boss**
My *boss* comes from Crownpoint.

shinanit'a'í—my boss
Shinanit'a'í T'iists'ózídę́ę' naagha.

***both**
Both of my sisters have long hair.

t'áá áłah—both
Shilahkéí *t'áá áłah* bitsii' ayóí áníłnééz.

***bottle**
He threw the *bottle* away.

tózis—bottle
Tózis nahgóó ayííłhan.

***bottom**
There was a hole in the *bottom* of the boat.

bitł'áahjį—its bottom
Éí tsinaa'eeł *bitł'áahjį'* bighá hoodzą́ą lá.

***bounce**
Bounce the ball three times.

nihídiiłniih—bounce it
Ei jooł táa'di *nihídiiłniih.*

***bow**
It took him a month to make that *bow.*

ałtį́į'—bow
Ei *ałtį́į'* t'áá ííléehgo ła' beenídeezid.

***bowl**
Pour some cereal into my *bowl.*

łeets'aa'—dish
Tł'oh naadą́ą' shijizhígíí díí *łeets'aa'* bii' shá yaajááh.

***both**
Both of my sisters have long hair.

English Word and English Sentence with the Word	Rough Translation of Navajo Word and Translation of English Sentence
***box** Our cat sleeps in this *box*.	**tsits'aa'**—box Nihimósí díí *tsits'aa'* yii' ná'iilwosh.
***boy** Why is that *boy* so happy?	**ashkii**—boy Ei *ashkii* shą' hait'éego ayóo bił hózhǫ́?
***bracelet** She made a very pretty *bracelet*.	**látsíní**—bracelet *Látsíní* nizhónígo áyiilaa lá.
***brain** Did that *brain* taste good to you?	**atsiighąą'**—brain Da' *atsiighąą'* ísh ayóigo nił łikango yíníyą́ą́'?
***brake** The *brake* is working well now.	**bee'ínídiidlohí**—brake *Bee'ínídiidlohí* nizhónígo naalnish k'ad.
***branch** The *branch* broke when lightning hit it.	**bits'áoz'a'**—its branch T'iis *bits'áoz'a'* bó'oosni'go ła' k'é'étǫ'.
***bray** Listen to the donkey's *bray*.	**télii áníits'a'**—donkey's voice *Télii áníits'a'* yísínííłts'ą́ą́'.
***bread** Mother bakes *bread* for us.	**bááh**—bread Nihimá *bááh* nihá ííł'į́.
***breakfast** We sometimes eat pancakes for *breakfast*.	**abínígo nída'iidį́į́h**—we eat our morning meal Łahda abe' bee neezmasí *abínígo* bił *nída'iidį́į́h*.
***breath** When it is cold I can see my *breath*.	**shiyol**—my breath T'áá íiyisíí deesk'aazgo *shiyol* siil nahalingo ha'iijoolgo nésh'į́į́ łeh.

***bray**
Listen to the donkey's *bray*.

English Word and English Sentence with the Word	Rough Translation of Navajo Word and Translation of English Sentence
***breeze** I feel a *breeze* on the back of my neck.	**shiních'i**—there is a breeze on me Sitsiiyahdę́ę́' t'óó sik'áázígo *shiních'i*.
***bridge** There is a *bridge* over the wash.	**na'nízhoozh**—it bridges it Bikooh tsé'naa *na'nízhoozh*.
***bridle** Put a *bridle* on the horse.	**biza'iłt'ééh**—bridle it Łį́į́' *biza'íłt'ééh*.
***bright** The moon is very *bright* now.	**bits'ádi'nílíid**—brightness is coming from it Tł'éhonaa'éí ayóigo *bits'ádi'nílíid*.
***bring** *Bring* me a potato.	**shaa ní'aah**—bring it to me Nímasii ła' *shaa ní'aah*.
***brittle** The ice is very *brittle*.	**di'į́dí**—brittle Tin t'óó báhádzidgo *di'į́dí*.
***broad** His truck is very *broad*.	**áníłtéél**—it is broad Bichidítsoh ayóí *áníłtéél*.
***broken** The pot is *broken*.	**sits'il**—it is broken Ásaa' *sits'il* lá.
***broom** Mother hit the dog with a *broom*.	**bee nahalzhoohí**—broom Shimá łééchąą'í *bee nahalzhoohí* yee néidííłhaal.
***brother** My older *brother* eats candy all the time.	**Shínaa'í**—my older brother *Shínaa'í* t'áá áłahjį' ałk'ésdisí yi'aał.

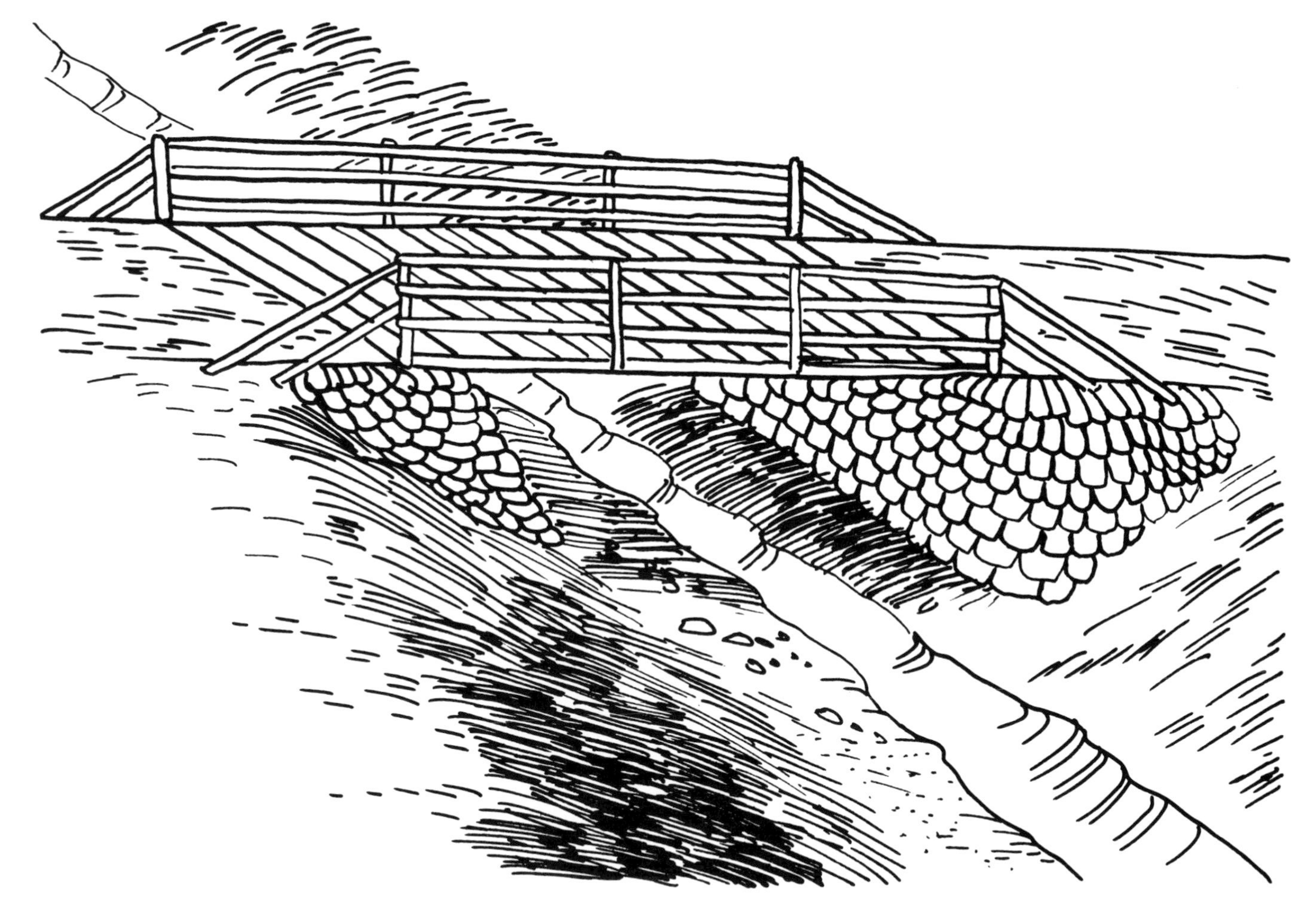

***bridge**
There is a *bridge* over the wash.

English Word and English Sentence with the Word	Rough Translation of Navajo Word and Translation of English Sentence
***brought** I *brought* you an onion.	**naa ní'ą́**—I brought it to you Tł'ohchin ła' *naa ní'ą́.*
***brown** My boots are *brown.*	**dibéłchí'í**—reddish brown Shikee' nineezí *dibéłchí'í* nahalin.
***brush** I *brush* my mother's hair for her.	**náshoh**—I brush it Shimá bitsii' bá *náshoh.*
***bucket** I use a *bucket* to carry water from the stream.	**ásaa'**—bucket Nílééí tó nílínídę́ę́ *ásaa'* bee tó nináháshkaah.
***buckle** He made this *buckle* for his belt.	**bee'ałch'į'didloh**—buckle Díí biziiz bá *bee'ałch'į'didloh* áyiilaa lá.
***bug** I will use a spray to kill that *bug.*	**ch'osh**—bug Ei *ch'osh* díí bee deesołgo diyeesxééł.
***buffalo** A *buffalo* hide is called "ch'idí".	**ayání**—buffalo *Ayání* bikágí ch'idí wolyé.
***build** Someday my father will *build* another house.	**kin ánáánéidoodlííł**—he will build another house T'áá haa'ída shizhé'é *kin* ła' *ánáánéidoodlííł.*
***built** My father *built* this house.	**kin áyiilaa**—he built a house Shizhé'é díí *kin áyiilaa.*
***buck** The *buck* ran over the hill.	**bįįhką'**—buck *Bįįhką'* dahisk'id gó'ąą eelwod.

***bucket**

I use a *bucket* to carry water from the stream.

English Word and English Sentence with the Word	Rough Translation of Navajo Word and Translation of English Sentence
***buckskin (abaní)** He bought some *buckskin* and made a pair of moccasins. See-Kélchí	**Abaní**—buckskin *Abaní* ła' nayiisnii'go kélchí áyiilaa.
***bud** The flower *bud* is opening.	**tsin bineest'ą'**—bud *Tsin bineest'ą'* ąą ádaane'.
***bugle** He played the *bugle* and everyone woke up.	**dilní**—bugle *Dilní* yee áníigo diné yee néidii'nił.
***bulb** The light *bulb* burned out.	**bee'adiltłi'í**—light bulb *Bee'adiltłi'í* nidíník'ą́ą́'.
***bullet** He shot a *bullet* and hit a tree.	**bee'eldǫǫh bik'a'**—bullet *Bee'eldǫǫh bik'a'* yídeesdǫǫhgo tsin yee yił adeesdǫǫh.
***bullsnake** A *bullsnake* eats mice.	**diyóósh**—bullsnake *Diyóósh* na'ats'ǫǫsí yildeeł.
***bump** I fell off my bicycle when I went over a *bump* in the road.	**atiingi dahisk'idgo**—a bump in the road Sidzi'izí *atiingi dahisk'idgo* bikáá'shił haaswodgo bąąh adah'íítłizh.
***bunch** There is a *bunch* of marbles on the floor.	**t'óó ahayóigo nideeztąąd**—a bunch lying around Ákǫ́ǫ́ ni'góó máazo *t'óó ahayóigo nideeztąąd.*
***bunny** The *bunny* is timid.	**gah yázhí**—bunny *Gah yázhí* náldzid.
***burgler** He sneaks around like a *burgler.*	**ani'įįhí**—burgler *Ani'įįhí* nahalingo naanánoot'į́į́ł.

***bunny**
The *bunny* is timid.

English Word and English Sentence with the Word	Rough Translation of Navajo Word and Translation of English Sentence
***burst** The bag *burst.*	**diitaa'**—it burst Azis *diitaa'.*
***bury** I am going to *bury* the garbage.	**bik'i hwiideeshgoł**—I will bury it Bi'oh nida'iisdą́'í *bik'i hwiideeshgoł.*
***bus** The *bus* was crowded.	**chidíłtsooí**—bus *Chidíłtsooí* bii' ha'déébįįd hazhdeezbin.
***busy** I am *busy,* so don't bother me.	**shinaanish hólǫ́**—I am busy *Shinaanish hólǫ́,* t'áadoo shaa nánít'įní.
***but** I went to the store, *but* I forgot the bread.	**nidi**—but Kingóó niséyáa *nidi* bááh éí beisénah.
***butcher** Ask the *butcher* for some meat for me.	**ná'áł'áhí**—butcher *Ná'áł'áhí* atsį' ła' shá bidiní.
***butter** The *butter* melted.	**mandagíiya**—butter *Mandagíiya* nídééłhį́į́'. (or ałtso díílhį́į́')
butterfly The dog chased the *butterfly.*	**k'aalógii**—butterfly Łééchąą'í *k'aalógii* neiniłché.
***button** A *button* fell off his coat.	**bił dah nát'áhí**—button Éétsoh *bił dah nát'áhí* bits'ą́ą' bąąh ni'diilts'id.
***buy** I will *buy* those shoes.	**nahideeshnih**—I will buy them Níléí ké *nahideeshnih.*

***buy**
I will *buy* those shoes.

English Word and English Sentence with the Word	Rough Translation of Navajo Word and Translation of English Sentence
***buzz** A bee goes "*buzz*" when it flies.	**zǫ́ǫ́z**—buzz Tsés'ná "*zǫ́ǫ́z*" yits'a'go naat'a'.
***buzzard** The *buzzard* is watching the horse.	**jeeshóó'**—buzzard *Jeeshóó'* łį́į́' yinéł'į́.
***by** A horse is standing *by* the cow. Note: It's the horse by the cow—bíighahgi It's the cow by the horse—yíighaghi	**bíighahgi**—at by it Béégashii łį́į́' *bíighahgi* sizį́.

***buzz**
A bee goes "*buzz*" when it flies.

English Word and English Sentence with the Word	Rough Translation of Navajo Word and Translation of English Sentence

C c

***cabbage**
He sliced the *cabbage* and put it into the stew.

ch'il łigaaí—cabbage
Ch'il łigaaí niyiishgizh dóó atoo' yił áyiilaa.

***cactus**
I sat on a *cactus* and it hurts.

hosh—cactus
Hosh bik'i nédá dóó ayóo neezgai lá.

***cactus fruit**
Cactus fruit is delicious.

hosh bineest'ą'—cactus fruit
Hosh bineest'ą' ayóo łikan.

***cafe**
My older brother drank some coffee in the *cafe*.

da'jiyą́ą́ góne'—in the cafe
Da'jiyą́ą́ góne' shínaa'í ahwééh ła' yoodlą́ą́'.

***cage**
The bobcat is in a *cage*.

béésh (naneesdizí)—cage
Náshdóíłbáí *béésh* naneesdizí yii' sidá.

***cake**
Eat the *cake* later.

bááh łikaní—cake
Bááh łikaní at'ah índa dííyį́į́ł.

***calendar**
Look at the *calendar* to find out what the date is.

náhidizídí—calendar
Náhidizídí níníł'į́ dóó ákwíí yoołkáłígíí nił bééhodoozįįł.

***calf**
The *calf* just stood up.

béégashii yáázh—calf
Béégashii yáázh índa yiizį'.

***call**
Please *call* the police for me.

bich'į' hólne'—phone them
Siláo shá *bich'į' hólne'*.

***calm**
She was very *calm* as she spoke.

doo hózhǫ́ ádił hódlą́ą da—she was calm
Yáłti'go *doo hózhǫ́ ádił hódlą́ą da*.

***cake**
Eat the *cake* later.

English Word and English Sentence with the Word	Rough Translation of Navajo Word and Translation of English Sentence
***came** I *came* yesterday.	**níyá**—I came Adą́ądą́ą́' *níyá.*
***camel** The *camel* smells terrible.	**ghą́ą́'ask'idii**—camel *Ghą́ą́'ask'idii* ayóo niłchxon.
***camera** I gave my grandfather a *camera.*	**bee'ak'inida'a'nilí**—camera Shicheii *bee'ak'inida'a'nilí* ła' baa ní'ą́.
***can** Open this *can* for me.	**yadiizíní**—can Díí *yadiizíní* shá ąą áníléého.
***candle** I blew out the *candle* and started to sing.	**ak'ahkǫ'**—candle *Ak'ahkǫ'* sésoł dóó áho'niitáál.
***candy** *Candy* will ruin your teeth.	**ałk'ésdisí**—candy *Ałk'ésdisí* niwoo' yidoołłchxǫǫh.
***cantaloupe** The *cantaloupe* is not ripe.	**ta'neesk'ání**—cantaloupe *Ta'neesk'ání* t'ah doo nit'ąą da lá.
***canvas** He covered the box with *canvas.*	**níbaal**—canvas Naaltsoos tsits'aa' *níbaal* yik'íisti'.
***canyon** Many cottonwood grow in the *canyon.*	**bikooh**—canyon T'iis t'óó ahayóí *bikooh* góyaaí yíl'á.
***car** I am walking because my *car* has broken down.	**shichidí**—my car *Shichidí* sits'ą́ą́' yichxǫ' biniinaa t'áa ni' naashá.

***camera**
I gave my grandfather a *camera*.

English Word and English Sentence with the Word	**Rough Translation of Navajo Word and Translation of English Sentence**
***card** I pulled out a good *card.*	**dá'áka'**—card *Dá'áka'* nizhónígíí háítą́.
***care** Take *care* of this colt.	**baa áhólyą́**—take care of it Díí łé'é yázhí *baa áhólyą́.*
***carpenter** A *carpenter* made this table for me.	**na'ach'iishí**—carpenter *Na'ach'iishí* díí bikáá'adání shá áyiilaa.
***carrot** My father pulled a *carrot* out of the ground.	**chąąsht'ezhiitsoh**—carrot Shizhé'é *chąąsht'ezhiitsoh* ła' hayíínizh.
***carton** Give me a *carton* of milk.	**abe' shaa ní'aah**—give me milk in its bulky form *Abe'* ła' *shaa ní'aah.*
***cat** The *cat* is asleep on top of our house.	**mósí**—cat *Mósí* nihikin yikáa'di ałhosh.
***catch** I will *catch* a rabbit with a trap	**bił nideeshdił**—I will catch it Bee'ódleehí bee gah *bił nideeshdił.*
***caterpillar** The *caterpillar* became a butterfly.	**ch'osh ditł'ooí**—caterpillar *Ch'osh ditł'ooí* k'aalógii silį́į́'.
***caught** I *caught* a rabbit in a trap.	**bił ninídéél**—I caught it Bee'ódleehí bee gah *bił ninídéél.*
***caves** Long ago, some people lived in *caves.*	**tséníí'góó**—along the face of the rocks Ałk'idą́ą́' *tséníí'góó* diné ła'dabighan nit'éé'.

***carrot**

My father pulled a *carrot* out of the ground.

English Word and English Sentence with the Word	Rough Translation of Navajo Word and Translation of English Sentence
***cedar** *Cedar* makes a popping sound when it burns.	**gad**—cedar *Gad* dook'ą́ą́łgo ayóo dilch'ił łeh.
***celery** She always sprinkles salt on her *celery.*	**haza'aleehtsoh**—celery *Haza'aleehtsoh* t'áá áko áshįįh yik'íínił.
***cellar** My grandfather stores his food in a *cellar.*	**łeehoogeed**—dug-out storage house Shicheii *łeehoogeed* góne' ch'iyą́ą́ yah anéi'nił.
***cement** The floor in my cousin's house is made of *cement.*	**tsé nádleehí**—cement Sizeedí bighan góne' ni'góó sikaadígíí *tsé nádleehí* bee ályaa.
***cent** I do not even have one *cent.*	**t'ááłá'í łichíí'**—one cent *T'ááłá'í łichíí'* nidi doo ła' naash'áa da.
***center** My aunt walked to the *center* of the hogan.	**ałníi'jį'**—to the center Shimá yázhí hooghan *ałníi'jį'* niníyá.
***centipede** The *centipede* crawled on my arm.	**jááłánii**—centipede *Jááłánii* léi' shigaan yąąh kíilwod.
***ceremony** My mother was very sick, so my father arranged a *ceremony.*	**hatáál**—a ceremony Shimá doo bitah hats'íídgóó biniinaa shizhé'é *hatáál* bá niiní'ą́.
***certain** A *certain* leader from Washington came to see me.	**léi'**—a certain one Wááshindoondę́ę́' naat'áanii *léi'* shaa níyá.

***center**
My aunt walked to the *center* of the hogan.

English Word and English Sentence with the Word	**Rough Translation of Navajo Word and Translation of English Sentence**
***chain** The truck pulled the car with a *chain.*	**béésh da'ahólzha'í**—chain Chidítsoh *béésh da'ahólzha'í* yee chidí yázhí dah yidiidzįįz.
***chair** Put the *chair* in that corner.	**bik'idah'asdáhí**—chair Ei *bik'idah'asdáhí* bee nástł'ahjígo niní'aah.
***charcoal** His hands were all black from handling *charcoal.*	**t'eesh**—charcoal *T'eesh* neijaahgo bits'ą́ą́dóó bíla' yiyiishįį'.
***chase** I am going to *chase* that cat away.	**nahgóó ádínéeshchééł**—I will chase it away Mósí *nahgóó ádínéeshchééł.*
***chatter** All that man ever does is *chatter.*	**ayóo yáłti'**—he talks a lot Níléí hastįį t'óó *ayóo yáłti'.*
***cheap** That ring is a *cheap* piece of junk.	**ts'ídá t'áadoo biniyéhí da**—it has no value Eii yoostsah *ts'ídá t'áadoo biniyéhí da.*
***cheeks** The girl's *cheeks* are red.	**biniitsį'**—her cheeks At'ééd *biniitsį'* łichíí'.
***cheerful** Sam was *cheerful* because he was going home.	**baa bił hózhǫ́**—he was cheerful over it Séem hooghangóó nihinádzáago *baa bił hózhǫ́.*
***cheese** Put the *cheese* somewhere where the mice cannot get it.	**géeso**—cheese *Géeso* haa'ída na'asts'ǫǫsí t'áadoo néidoo'áałgi niní'aah.
***chef** The *chef* made some good-tasting stew.	**ch'iyą́ą́'íił'íní**—cook *Ch'iyą́ą́'íił'íní* atoo' nizhóní halniihgo áyiilaa.

***cheerful**
Sam was *cheerful* because he was going home.

English Word and English Sentence with the Word	Rough Translation of Navajo Word and Translation of English Sentence
***chest** My *chest* itches.	**shiyid**—my chest *Shiyid* yihę́ę́s.
***chewing** The sheep looks like it's *chewing* gum.	**yi'aał**—it is chewing it Dibé jeeh *yi'aał* nahalin.
***chick** The *chick* is fuzzy.	**naa'ahóóhai yázhí**—chick *Naa'ahóóhai yázhí* ditł'oh.
***chicken** The *chicken* sat on her eggs.	**naa'ahóóhai**—chicken *Naa'ahóóhai* biyęęzhii yikáá' dah neezdá.
***children** Those *children* are playing.	**áłchíní**—children Níléí *áłchíní* nidaané.
***chimney** Smoke came out from the *chimney.*	**béésh bii' kǫ'í bizooł**—from out of the stove *Béésh bii'kǫ'í bizooł biyi'dę́ę́'* łid ha'iijooł.
***chin** I like to rub my *chin.*	**shiyaats'iin**—my chin *Shiyaats'iin* dinishxishgo shił yá'át'ééh.
***Chinese** The *Chinese* people are not as dark as we are.	**Náá'ádaałts'ózí**—Chinese *Náá'ádaałts'ózí* doo nihígi át'éego hózhǫ́ daalzhin da.
***chip** He had just one little wood *chip* left.	**chizh biyázhí**—wood chip *Chizh biyázhí* t'éiyá ts'íyííłdzíí'.
***chipmunk** The *chipmunk* was chewing on an acorn.	**hazéísts'ósii**—chipmunk *Hazéísts'ósii* chéch'il bináá' yiyą́.

***children**
Those *children* are playing.

English Word and English Sentence with the Word	**Rough Translation of Navajo Word and Translation of English Sentence**
***chirp** The birds *chirp* every morning.	**tsídii ádaaní**—birds call Abíínígo *tsídii* ádaaníí łeh.
***chisel** He took the bark off the log with a *chisel.*	**bee'iikaałí**—chisel Tsin bahásht'óózh *bee'iikaałí* yee nahgóó hayííshéé'.
***choose** *Choose* the red ball.	**nídii'aah**—pick the roundish one Jooł łichí'ígíí *nídii'aah.*
***chose** I *chose* the yellow ball.	**nídii'ą́**—I picked the roundish one Jooł łitsooígíí *nídii'ą́.*
***chosen** The white ball was already *chosen.*	**háíshį́į́ néidii'ą́**—someone chose the roundish one Jooł łigaaí t'áá íídą́ą́' *háíshį́į́ néidii'ą́.*
***Christmas** We had plenty to eat last *Christmas.*	**Késhmish**—Christmas Átsé *Késhmish* yę́ędą́ą́' ch'iyą́ą́ lą'í deidą́ą́.
***cigar** He smoked a *cigar* and the smoke made me cough.	**sigháala**—cigar *Sigháala* néiłt'ohgo biniinaa łid bił désdzíí'.
***circle** She drew a *circle* in the dirt with a stick.	**názbąsgo ahéé'nízoh**—curving her mark she made a circle Łeeshtahgi tsin yee *názbąsgo ahéé'nízoh.*
***city** Jane went to the *city* and bought some clothes.	**kin dah shijaa'góó**—to the city Jéiin *kin dah shijaa'góó* níyá dóó áadi éé' nayiisnii'.
***clan** What is your *clan?*	**dóone'é**—clan Haash *dóone'é* nílį́?

***circle**
She drew a *circle* in the dirt with a stick.

English Word and English Sentence with the Word	Rough Translation of Navajo Word and Translation of English Sentence
***clap** *Clap* your hands and shout.	**ahíníkad**—clap your hands *Ahíníkad* dóó dílwosh.
***class** There are thirty people in my *class.*	**íínishta' góne'**—in my class *Íníshta' góne'* tádiin niilt'é.
***claws** The cat had sharp *claws.*	**biláshgaan**—its claws Mósí *biláshgaan* ayóo deení.
***clay** She made a pot out of *clay.*	**dleesh**—white clay *Dleesh* bits'ą́ą́dóó łeets'aa yáázh áyiilaa.
***clean** He took a shower and now he is *clean.*	**doo chin bąąh da**—he has no dirt on him Tá'ádeesgiz dóó k'ad éi *doo chin bąąh da.*
***clear** The water in the lake is *clear.*	**niłtólí**—clear Tó dah siyínígíí éí *niłtólí.*
***clever** The coyote who killed the sheep was *clever.*	**ayóo bina'adlo'**—he was very tricky Ma'ii dibé yiyiisxínígíí *ayóo bina'adlo'.*
***climb** I will *climb* up the tree to get my cat.	**bąąh híideesh'nah**—I will climb it T'iis *bąąh híideesh'nah* dóó shimósí náádideeshtééł.
***clinic** I was very sick, so my father drove me to the *clinic.*	**azee'ál'į́įgóó**—to the clinic Shitah honiigaiigo biniinaa shizhé'é *azee'ál'į́įgóó* shił ní'áázh.
***clock** My *clock* stopped, so I do not know what time it is.	**ná'oolkiłí**—clock *Ná'oolkiłí* sits'ą́ą́' niiltła ąko oolkiłígi doo shił bééhózin da.

***clay**
She made a pot out of *clay*.

English Word and English Sentence with the Word	**Rough Translation of Navajo Word and Translation of English Sentence**
***close** *Close* the door so the dust would not blow in.	**dá'dinítkaał**—close the door *Dá'dinítkaał* áko doo łeezh yah aheyóoł da doo.
***closet** I hung my shirt in the *closet.*	**éé' dah náhidii'nił góne'é**—in the closet Shi'éé' dejį'ígíí *éé' dah náhidii'nił góne'é* dah hidiiyį.
***clot** Even though it was a little cut, my blood did not *clot* right away.	**neesk'įh**—it clotted Áłts'íísígo ádéshgish nidi t'áa doo hózhǫ́ shidił *neesk'įh* da.
***cloth** My Mother bought *cloth.*	**naak'a'at'ąhí**—cloth Shimá *naak'a'at'ąhí* ła' nayiisnii'.
***clothes** My Mother made me some *clothes.*	**shi'éé'**—my clothes Shimá *shi'éé'* ła' shá áyiilaa.
***cloud** The *cloud* above is very dark.	**k'os**—cloud *K'os* nihikáa'diígíí ayóo łizhin (or diłhił).
***clown** The bull knocked the *clown* down.	**łą'ádíl'íní**—clown *Łą'ádíl'íní* dóola naa'abídzíígo'.
***club** He killed the snake with a *club.*	**hał**—club *Hał* yee tł'iish yiyiisxį.
***coal** *Coal* burns slowly and keeps our house warm.	**łeejin**—coal *Łeejin* hazhó'ógo diltłi' łeh dóó ayóo wóne'é bee hoozdo.
***coarse** This cloth is very *coarse.*	**dích'íízh**—coarse Díí naak'a'at'ąhí ayóo *dích'íízh.*

***coal**

Coal burns slowly and keeps our house warm.

English Word and English Sentence with the Word

Rough Translation of Navajo Word and Translation of English Sentence

***coat**
A *coat* is what you wear to keep warm.

éétsoh—coat
Éétsoh éí bee hoozdo biniyé bii' nidadziztį.

***cocoa**
I was shivering, but I felt warmer when I drank the hot *cocoa*.

ahwééhashtł'ishí—hot cocoa
Dah dinistsxiz nít'éé', *ahwééhashtł'ishí* ła' yishdlą́ą'go bee ná'iisdziil.

***cocoon**
The butterfly is coming out of its *cocoon*.

k'aalógii bit'oh—the butterfly's cocoon
K'aalógii bit'oh yii'dę́ę́' k'adę́ę haaghááh.

***coffee**
My mother puts sugar in her *coffee*.

ahwééh—coffee
Shimá áshįįh łikan *ahwééh* yiih néíjih.

***coil**
I dropped the *coil* and it bounced.

béésh náhineests'ee'í—coil
Béésh náhineests'ee'í néíłne', nít'éé' ła' ałyóígóó dah nahacha'.

***cold**
This milk is not *cold*.

sik'az—an object is cold
Díí abe' doo *sik'az* da.

***collar**
The dog had a black *collar* on his neck.

bizénázt'i'í—its collar
Łééchąą'í *bizénázt'i'í* łizhin.

***color**
What *color* is my hat?

naashch'ąą'—it is decorated
Shich'ah shą' hait'éego *naashch'ąą'?*

***colt**
The *colt* runs very fast.

łé'éyázhí—colt
Łé'éyázhí ayóo dilwo'.

***comb**
I threw my *comb* away.

shibé'ézhóó'—my comb
Shibé'ézhóó' yóó' ahííłhan.

***collar**
The dog had a black *collar* on his neck.

English Word and English Sentence with the Word	Rough Translation of Navajo Word and Translation of English Sentence
***come** I will *come* soon.	**deesháá ł**—I will come T'óó hodíina'go *deesháá ł.*
***comfortable** This place is very *comfortable.*	**t'áá hooghandigi át'éego ayóo hwii**—it is very comfortable and just like home *T'áá hooghandigi át'éego* kwe'é ayóo hwii.
***coming** Are you *coming* to the rodeo?	**díníyá**—you are coming Naa'ahóóhaigóósh *díníyá?*
***commander** The *commander* ordered his soldiers to run.	**hashkééjí naat'ááh**—commander *Hashkééjí naat'ááh* tsiláołtsooí deiyínółyeed yidíiniid.
***connect** Please *connect* these two wires.	**ahíhíłtł'ó**—knot them together T'áá shǫǫdí béésh ałts'ózí *ahíhíłtł'ó.*
***conversation** We had a good *conversation* and I learned a lot.	**ahił nahosiilne'**—we had a conversation Nizhónígo *ahił nahosiilne'* dóó bits'ą́ą́dóó lą' ígo íhooł'ą́ą́'.
***cook** I will *cook* for you.	**nitsą' á'deeshłíí ł**—I will feed you *Nitsą' á'deeshłíí ł.*
***cool** The water in the lake is *cool.*	**sik'áází**—it is cool Tó dah siyínígíí t'óó *sik'áází.*
***copper** Pennies are made out of *copper.*	**béésh łichíí'ii**—copper T'áá łá'í sindáo *béésh łichíí'ii* bits'ą́ą́dóó ályaa.
***corn** All of the *corn* has dried out.	**naadą́ą́'**—corn *Naadą́ą́'* ałtso sits'ą́ą́' dadiigaii.

***commander**

The *commander* ordered his soldiers to run.

English Word and English Sentence with the Word	**Rough Translation of Navajo Word and Translation of English Sentence**
***corner** She chased me into the *corner.*	**beenástł'ah**—corner *Beenástł'ah* góne'é áshinííłchą́ą́'.
***corral** Charlie slipped and fell in the *corral.*	**dibé bighan**—sheep corral Cháala ałtádiighaz dóó *dibé bighan* yiih dzííłhaal.
***correct** What you said is *correct.*	**t'áá ákót'éé lá**—it is correct Ádííníniidę́ę *t'áá ákót'éé lá.*
***cost** How much does this shovel *cost?*	**díkwíí bąąh ílį**—how much does it cost Díí łeezh bee hahalkaadí shą' *díkwíí bą́ąh ílį?*
***costume** The boy wore the *costume* of an old man.	**yee hadiidzaa**—he is dressed up in it Ashkii hastįį sání bi'éé' nahalinígíí *yee hadiidzaa.*
***cotton** This shirt is made of *cotton.*	**nidik'ą'**—cotton Díí dejį'é'ígíí *nidik'ą'* bits'ą́ądóó ályaa.
***count** *Count* the birds on the fence.	**yíníłta'**—count them Tsídii anít'i' yikáá' dah naháaztánígíí *yíníłta'.*
***country** This is dry *country.*	**kéyah**—land Díí *kéyah* t'óó hóółtseii.
***courthouse** He works at the *courthouse.*	**aadahwiinít'ínídi**—at the courthouse *Aadahwiinít'ínídi* naalnish.
***cousin** My *cousin* is in good health now.	**shizeedí**—my female cousin *Shizeedí* bitah yá'áhoot'ééh k'ad.

***courthouse**
He works at the *courthouse*.

English Word and English Sentence with the Word	**Rough Translation of Navajo Word and Translation of English Sentence**
***cover** The wind blew the *cover* off the box.	**bik'ésti' yę́ę**—the cover it had Naaltsoos tsits'aa' *bik'ésti' yę́ę* bił dah diiyol.
***cow** The *cow* is nursing it's calf.	**béégashii**—cow *Béégashii* biyázhí yi'iiłt'o'.
***cowboy** That *cowboy* is very good at roping.	**akałii**—cowboy Nílééí *akałii* ayóo adiloh.
***coyote** He heard a *coyote* howling last night.	**ma'ii**—coyote Tł'éé'dą́ą́' *ma'ii* yichago yidiizts'ą́ą́'.
***crack** There is a *crack* in this pot.	**yisk'is**—it has a crack Díí ásaa' *yisk'is* lá.
***cracker** Lucy is eating a *cracker* with a slice of cheese on it.	**bááh dá'áka'í**—cracker Lósii *bááh dá'áka'í* dóó géeso nehest'ą́ązgo yił yiyą́.
***cradleboard** She carries her baby in a *cradleboard*.	**awééts'áál**—cradleboard *Awééts'áál* awéé' yee táidiłteeh łeh.
***crane** Johnny saw a *crane* fly toward the mountain.	**déłí**—crane Jánii *déłí* dził yich'į' yit'ahgo yiyiiłtsą́.
***crib** The *crib* is in the other room.	**awéé' yii' nitéhí**—crib *Awéé' yii' nitéhí* ni'ąąjígo si'ą́.
***cricket** A *cricket* was chirping outside our house last night.	**nahak'ízii**—cricket Tł'éé'dą́ą́' tł'óó'góó *nahak'ízii* áníits'a'.

***coyote**
He heard a *coyote* howling last night.

English Word and English Sentence with the Word	Rough Translation of Navajo Word and Translation of English Sentence
***crooked** The old lady has a *crooked* cane.	**shizhah** Asdzą́ą́ sání bigish shizhah.
***cross** He drew a *cross* with his pencil.	**ałná'azoh**—he drew a cross Bee ak'e'alchíhí yee *ałná'azoh.*
***crow** A *crow* landed in my field and started eating my corn.	**gáagii**—crow *Gáagii* shidá'ák'ehdi neezdá dóó naadą́ą́' yę́ę yi'niiyą́ą́'.
***crowd** There was a large *crowd* of people in the street.	**t'óó ahojíyóí**—there are many people Atiingóó *t'óó ahojíyóí* nít'éé'.
***crumbs** He dropped *crumbs* on the floor when he ate the bread.	**łees'ą́ą́ bizéí**—crumbs Łees'ą́ą́ yiyą́ą́ nit'éé' *łees'ą́ą́ bizéí* ni'góó neiznil.
***crushed** His hat was *crushed* because he sat on it.	**yishjį́zh**—it is crushed Bich'ah yik'i neezdáá nít'éé' *yishjį́zh.*
***cry** I *cry* whenever I fall down.	**haashchah**—I start to cry Dishtłishgo *haashchah.*
***cub** Do not bother the *cub.*	**shash yáázh**—cub *Shash yáázh* t'áadoo baa nánít'íní.
***cup** The baby still can not drink from a *cup.*	**bąąha'íizhahí**—cup T'ahnidi awéé' *bąąha'íizhahí* doo yee adlą́ą da.
***cupboard** I put the cups into the *cupboard.*	**łeets'aa' bighan**—cupboard *Łeets'aa' bighan* góne'é bąąha'íizhahí anásh'nil.

***cross**
He drew a *cross* with his pencil.

English Word and English Sentence with the Word	Rough Translation of Navajo Word and Translation of English Sentence
***curl** She cut off the *curl* with a scissors.	**bitsii' yishch'il**—her curl *Bitsii' yishch'il* yę́ę béésh ahédiłí yee k'íínígizh.
***curly** George's hair is very *curly.*	**yishch'il**—it is curly Jóosh bitsii' ayóo *yishch'il.*
***curse** That angry man is always putting a *curse* on someone.	**yódziih**—he curses him Níléí hastį́į́ báháchį'ígíí t'áá háida *yódziih* łeh.
***curtains** He put up *curtains* over the window.	**tsésǫ' dáádílbałí**—curtains *Tsésǫ' dáádílbałí* tsésǫ' bich'ą́ą́h déidiníłbaal.
***custom** It is our *custom* to tell each other stories while we eat.	**nihi'á'ál'į'**—it is our custom Díí *nihi'á'ál'į'* da'iidą́ągo ahił nidahwiilne' łeh.
***cut** The secretary *cut* her hand on the broken glass.	**yizhgish**—she cut it Naaltsoos ííł'íní tózis naaztseedígíí bíla' yee *yizhgish.*
***cyclone** A *cyclone* blew the roofing off their house.	**níyoltsoh**—cyclone *Níyoltsoh* hooghan bikáá' bik'ésti'ígíí nahgóó ayí'íísol.
***cylinder** That glass is shaped like a *cylinder.*	**níyizgo hááhideeneez nahalin**—shaped like a cylinder Ell bee'adlání *níyizgo hááhideeneez nahalin.*

***curly**
George's hair is very *curly*.

English Word and English Sentence with the Word	Rough Translation of Navajo Word and Translation of English Sentence

D d

***daily** I go to school *daily.*	**t'áá ákwííjį́**—daily Ólta'góó *t'áá ákwííjį́* ałnáníshdááh.
***dam** A *dam* was built in order to make a reservoir.	**dá'deestł'in**—dam *Be'ek'id biniyé dá'deestł'in* ályaa.
***damp** My pants are still *damp.*	**ditłéé'**—they are damp Shitł'aajį'éé' t'ahdii *ditłéé'.*
***dangerous** That bear is *dangerous,* so do not go near it.	**bááhádzid**—it is dangerous Eii shash *bááhádzid* áko t'áadoo bit'áahjį' naninááhí.
***dark** Barbara's hair is long and *dark.*	**diłhił**—dark Báaba bitsii' nineez dóó ayóo *diłhił.*
***date** What is today's *date?*	**díkwíígóó yoołkááł**—what is the date Díííjį́ shą' *díkwíígóó yoołkááł?*
***daughter** My mother's *daughter* is my sister.	**bich'é'é**—her daughter Shimá *bich'é'é* shilah át'é.
***dawn** My mother always wakes up at *dawn.*	**haiłkááhdą́ą́'**—at dawn Shimá *haiłkááhdą́ą́'* ts'ínádzi' ch'énádzi'.
***day** Betty worked just one *day* and then went home.	**ła'ajį́**—one day Bédii *ła'ajį́* naashnish áádóó hooghangóó anáádzá.

***daily**
I go to school *daily*.

English Word and English Sentence with the Word	Rough Translation of Navajo Word and Translation of English Sentence
***dead** My old dog is *dead.*	**daaztsą́**—it died Shiléécháą sání yę́ę *daaztsą́.*
***deaf** My grandmother did not hear you because she is *deaf.*	**bijééhkał**—she is deaf Shimásání *bijééhkałgo* biniinaa t'áadoo nidiizts'ą́ą' da.
***December** It usually snows in *December.*	**Níłch'itsoh**—December *Níłch'itsoh* biyi' nídíchxííł łeh.
***deep** That water is very *deep,* so do not swim in it.	**íídéetą́ą'**—it is deep Eii tó ayóí *íídéetą́ą',* áko t'áadoo bii' na'íłkǫ'í.
***deer** The *deer* jumped over the log.	**bįįh**—deer *Bįįh* nástáán yitis dah neeshjį́įd.
***deliver** When does he *deliver* the mail?	**ninéígééh**—he's going to haul it in Hahgosh naaltsoos *ninéígééh?*
***dent** There is a *dent* in his truck's bumper.	**shijįzh**—it is dented Bichidítsoh bidááh gónaa dah sitánígíí *shijįzh.*
***dentist** Bobby's teeth hurt, so he went to a *dentist.*	**awoo' yaa áhályání**—dentist Báabii biwoo' neezgai, áko *awoo' yaa áhályání* yich'į'naayá.
***destroy** When did she *destroy* the drawing?	**yiyííłchxǫ'**—she destroyed it Hádą́ą'shą' na'ashch'ąą' yę́ę *yiyííłchxǫ'?*
***dew** There was a lot of *dew* this morning.	**dahtoo'**—dew Abínídą́ą' dahtoo' t'óó ahayóí nít'éé'.

***deer**

The *deer* jumped over the log.

English Word and English Sentence with the Word	Rough Translation of Navajo Word and Translation of English Sentence
***different**	**bił ałch'į' naa'nilgo łahgo át'é**—when it is compared it is different
This truck is *different* from our truck.	Díí chidítsoh shichidítsoh *bił ałch'į' naa'nilgo łahgo át'é.* (or ał'ąą át'é)
***dime**	**dootł'izh**—dime
My uncle gave me a *dime*.	Shidá'í t'áálá'í *dootł'izh* sheiní'ą́.
***dip**	**tó béédeeshxééł**—I will dip it in the water
I will *dip* this cloth in the water.	Díí naak'ą'at'ąhí *tó béédeeshxééł*.
***dipper**	**adee'**—dipper
She used a *dipper* to drink water.	*Adee'* yee tó yidlą́.
***dirty**	**t'óó baa'ih**—dirty
I fell into the mud and now my clothes are *dirty*.	Hashtł'ish biih yítłizh dóó k'ad éí shi'éé' *t'óó baa'ih*.
***dish**	**łeets'aa'**—dish
He put the meat on a blue *dish*.	Atsį' *łeets'aa'* dootł'izh léi' yikáá' niiní'ą́.
***ditch**	**yíldzis**—ditch
I found the lamb in that *ditch*.	Níléí *yíldzis*jí dibé yázhí bik'i ninítą́ą́'.
***doctor**	**azee'íił'íní**—doctor
The *doctor* is wearing white clothes.	*Azee'íił'íní* éé' łigai léi' yee naaghá.
***dog**	**łééchąą'í**—dog
That old black *dog* ran away.	*Łééchąą* sání łizhinę́ę yóó' eelwod.

***different**
This truck is *different* from our truck.

English Word and English Sentence with the Word	Rough Translation of Navajo Word and Translation of English Sentence
***doghouse** The wind blew the *doghouse* over.	**łééchąą'í bighan**—doghouse Níyol *łééchąą'í bighan* naa'ayíí'ą́.
***doll** Jennie gave me an ugly *doll.*	**awééshchíín**—doll Jénii *awééshchíín* nichxǫ́ǫ́'í léi' sheiníłtį́.
***dollar** Lend me a *dollar.*	**béeso**—dollar T'áálá'í *béeso* sha'ní'aah.
***donkey** The *donkey* rolled in the ash pile.	**télii** *Télii* łeeshch'iih yii' naazmą́ą́z.
***door** The *door* is made out of boards.	**dáádílkał**—door *Dáádílkał* tsinahaashjíí' bee ályaa.
***dot** Make *dots* with the charcoal.	**dah da'iishį́į́h**—make black dots T'eesh bee *dah da'iishį́į́h.*
***dough** The *dough* began to rise.	**taos'nii'-dough** *Taos'nii'* de'áaniił.
***down** Martha got *down* off the horse.	**adááyá**—she climbed down Máada łį́į́' yik'i *adááyá.*
***dream** I had a *dream* last night.	**neiséyeel**—I dreamed Tł'éé'dą́ą́' *neiséyeel.*
***dress** Your mother's *dress* is made of velvet.	**bi'éé'**—her clothes Nimá naak'ą'at'ąhí dishooígíí *bi'éé'.*

***door**
The *door* is made out of boards.

English Word and English Sentence with the Word	Rough Translation of Navajo Word and Translation of English Sentence
***dried** We ate *dried* meat for many days.	**siganígíí**—the dried kind Atsį' *siganígíí* deiidą́ągo lą'í yiską́.
***drill** This *drill* is very heavy.	**bee agháda'a'nilí**—drill Díí *bee aghád'a'nilí* ayóo nidaaz.
***drop** A *drop* of water fell on my nose.	**bik'i nidoolch'ą́ą́l**—it dripped onto it Tó shíchį́įh *bik'i nidoolch'ą́ą́l.*
***drum** He uses a *drum* when he sings.	**ásaa' dádeestł'ónígíí**—pot drum *Ásaa' dádeestł'ónígíí* hataałgo chonáyool'įįh.
***dry** The *dry* wood catches fire easily.	**yíłtseiígíí**—dried out Tsin *yíłtseiígíí* didooltłił shą'shin.
***duck** A *duck* had a fish in it's mouth.	**naal'eełí**—duck *Naal'eełí* łóó' bizéé' sitį́.
***dull** This knife is *dull,* and I cannot use it.	**doo deeníi da**—it is not sharp Díí béésh *doo deeníi da* biniinaa doo choosh'įį da.
***dust** *Dust* blew into my eyes.	**łeezh**—dust *Łeezh* shinák'éeyol.

***drum**
He uses a *drum* when he sings.

English Word and English Sentence with the Word	Rough Translation of Navajo Word and Translation of English Sentence

E e

***each**
Each of the barrels has a lid.

t'áá ałtso—all of them
Tóshjeeh *t'áá ałtso* bidánídít'áhí dahólǫ́.

***eagle**
An *eagle* has good eyes.

atsá—eagle
Atsá bináá' ayóo yee oo'į́.

***ear**
His *ear* is sore.

bijaa'—his ear
Bijaa' łóód.

***early**
If you get up *early,* you will get all your work done.

abínígo—in the early morning
Abínígo náádii'nahgo lą'ígo naanish ła' jił'į́.

***earn**
When are you going to *earn* some money?

yidíiłbįįł—you will earn it
Hahgoshą' béeso ła' *yidíiłbįįł?*

***earrings**
That lady has long *earrings.*

bijaatł'óól—earrings
Níléí asdzą́ą́ *bijaatł'óól* ayóí áníłnééz.

***earth**
The *earth* goes in a circle around the sun.

nahosdzą́ą́—earth
Nahosdzą́ą́ jį́honaa'éí náházbąsgo yináádááł.

***earthquake**
I have never been in an *earthquake.*

kéyah hideesná'ígíí—earthquake
Kéyah hideesná'ígíí t'ah doo shináál ánéeh da.

***east**
The sun rises in the *east.*

ha'a'aahdę́ę́'go—from the east
Ha'a'aahdę́ę́'go jį́honaa'éí hanádááh.

***easy**
Riding a goat is *not hard.*

doo nanitł'a da—it is not hard
Tł'ízí nahayéego *doo nanitł'a da.*

***easy**
Riding a goat is not hard.

English Word and English Sentence with the Word	**Rough Translation of Navajo Word and Translation of English Sentence**
***Easter** *Easter* is coming soon.	**Damóotsoh**—Easter *Damóotsoh* koshídę́ę́' hoolzhish.
***eat** I will *eat* your beans.	**deeshį́į́ł**—I will eat them Naa'ołí nits'ą́ą́' *deeshį́į́ł.*
***echo** The woman shouted into the canyon and then heard her *echo.*	**biinéé' néidiizts'ą́ą́'**—she heard her own voice again Asdzą́ą́ bikooh góyaa hadoolghaazh, nít'éé' *biinéé' néidiizts'ą́ą́'.*
***edge** He sat on a large rock at the *edge* of the canyon.	**bidáa'di**—at the edge Bidáa'di tsé nitsaa léi' yikáá' dah neezdá. (or bidá'ági).
***egg** I found only one *egg* in the chicken house this morning.	**ayęęzhii**—egg Abínídą́ą́' naa'ahóóhai bighandi *ayęęzhii* t'ááłá'í nídii'ą́.
***eight** Seven and one are *eight.*	**tseebíí**—eight Tsosts'id dóó t'ááłá'í áko *tseebíí.*
***elastic** She sewed some *elastic* into her skirt.	**naats'ǫǫdii**—elastic *Naats'ǫǫdii* bitł'aakał yíidiiłkad.
***elbow** My brother pushed me with his *elbow.*	**bich'oozhlaa'**—his elbow Sitsilí *bich'oozhlaa'* yee shisgoh.
***elderly** That *elderly* man has lots of good ideas.	**náás silį́'ígíí**—the one who has become elderly Ei hastįį *náás silį́'ígíí* binahat'a' nizhóníyee'.

***edge**
He sat on a large rock at the *edge* of the canyon.

English Word and English Sentence with the Word / **Rough Translation of Navajo Word and Translation of English Sentence**

***electricity**
Refrigerators operate on *electricity.*

atsiniltł'ish—electricity
Bee'atiní *atsiniltł'ish* yee yilwoł.

***elephant**
That *elephant* can run fast even though it is very heavy.

chį́į́h yee adilohii—elephant
Ei *chį́į́h yee adilohii* azhą́ nidaaz nidi ayóo dilwo'.

***eleven**
There are *eleven* eggs in this carton.

ła'ts'áadah—eleven
Díí tsits'aa' *ayęęhii* ła'ts'áadah biyi' sinil.

***elk**
The *elk* stood at the top of the hill.

dzééh—elk
Dzééh yanáalk'idi dah sizį́į nít'éé'.

***embarrassed**
The *embarrassed* girl hid her face.

yánízinígíí—the one who is embarrassed
At'ééd *yánízinígíí* binii' néidees'į́į'.

***empty**
This bucket is *empty.*

bii' ádin—it is empty
Díí ásaa' *bii' ádin.*

***end**
That is the *end* of his story.

t'áá ákódí, ninít'i'—that's all, it has reached its end
T'áá ákódí bahane' *ninít'i'.*

***enemy**
Even though he acts nice to us, he is our *enemy.*

nihe'ana'í—our enemy
Nihich'į' bił hózhǫ́ǫ nidi *nihe'ana'í* át'é.

***engine**
My car's *engine* makes a strange sound.

bitsiits'iin—its engine
Shichidí *bitsiits'iin* haashį́į yit'éego diits'a' silį́į'.

***enjoy**
I *enjoy* going to the movies.

shił nizhóní—I enjoy it
Na'alkidgóó ałnánáshdáahgo *shił nizhóní.*
(or shił yá'át'ééh)

***empty**
This bucket is *empty*.

English Word and English Sentence with the Word	**Rough Translation of Navajo Word and Translation of English Sentence**
***enough** There is *enough* food for everyone.	**nihíneel'ą́**—it is enough for us Ch'iyą́ą́ t'áá áníiltso *nihíneel'ą́*.
***evening** I like to sing in the *evening*.	**e'e'áahgo**—in the evening *E'e'áahgo* hashtaałgo shił yá'át'ééh.
***event** The first *event* was calf-roping.	**baa ní'diildee'ígíí**—what is being done Áłtsé *baa ní'diildee'ígíí* éí béégashii yáázh wódleeh.
***every** *Every* dog has a tail.	**t'áá ałtso**—all of them Łééchąą'í *t'áá ałtso* bitsee' dahólǫ́.
***every day** I eat at home *every day.*	**t'áá ákwíįjį**—every day *T'áá ákwíįjį* shighandi ná'áshdį́įh.
***everything** I left *everything* at home.	**t'áá ałtsoní**—everything *T'áá ałtsoní* t'áá shighandi nininil.
***everywhere** Bob looked *everywhere,* but couldn't find it.	**t'áá ałtsojį'**—everywhere Báab *t'áá ałtsojį'* naazghal nidi t'áa doo yik'íninítą́ą' da.
***except** We are all going to town *except* for my grandfather.	**nidi shicheii t'éiyá**—except that grandfather T'áá áníiltso kintahgóó deekai *nidi shicheii t'éiyá* t'áá akǫ́ǫ́.
***exit** I am looking for the *exit.*	**ch'é'étiin**—to the exit *Ch'é'étiin* hanishtá.
***eye** My younger sister's *eye* is very sore.	**bináá'**—her eye Shideezhí *bináá'* yéego diniih.

***every**
Every dog has a tail.

English Word and English Sentence with the Word	**Rough Translation of Navajo Word and Translation of English Sentence**
***eyebrows** My *eyebrows* are black.	**shináts'iin**—my eyebrows *Shináts'iin* ayóo diłhił.
***eyelashes** My *eyelashes* are black too.	**shinádiz**—my eyelashes *Shinádiz* ałdó' łizhin.
***eyelid** Pull your *eyelid* down.	**ninázìz**—your eyelid *Ninázìz* yaa áníléé h.

***eyebrows**
My *eyebrows* are black.

English Word and English Sentence with the Word	Rough Translation of Navajo Word and Translation of English Sentence

F f

***face** His *face* has many wrinkles in it.	**binii'**—his face *Binii'* ayóo siłtsǫz.
***family** That *family* lives in the canyon.	**t'ááłá' háájé'ígíí**—kinfolks *T'ááłá' háájé'ígíí* níléí tsékoohdi dabighan.
***far** Her house is *far* from here.	**nízaad**—far Bighan *nízaad* kodóó.
***farm** He has a *farm* and grows watermelons.	**bidá'ák'eh**—his farm *Bidá'ák'eh* hólǫ́ǫ́ dóó ch'ééh jiyání nínéiniłt'į́įh.
***farmer** He is a *farmer.*	**k'éé'dídléhí**—farmer *K'éé'dídléhí* nilį́.
***farther** He lives *farther* from here than I do.	**-dóó biláahdi**—at farther from Shí shighaní*dóó biláahdi* bighan.
***farthest** He lives the *farthest* from the school.	**aláahdi bighan**—his house is at the farthest Kodóó ólta'ídóó bí *aláahdi bighan*.
***fast** That boat is very *fast*.	**dilwo'**—it is fast moving Tsinaa'eeł ayóo *dilwo'*.
***fat** His pig is very *fat*.	**neesk'ah**—it is fat Bisóodi bíhígíí ayóo *neesk'ah*.
***father** My *father* is very strong.	**shizhé'é**—my father *Shizhé'é* ayóo bitsxe'.

***face**
His *face* has many wrinkles in it.

English Word and English Sentence with the Word	**Rough Translation of Navajo Word and Translation of English Sentence**
***faucet** The man with the yellow shirt fixed our *faucet*.	**tóhanágisí**—faucet Hastįį bi'éé'dejį' łitsooígíí *tóhanágisí* shá hasht'éé yiidlaa.
***favorite** This is my *favorite* plate.	**agháadi shił yá'át'ééh**—it is my favorite Díí łeets'aa' *agháadi shił yá'át'ééh*.
***fawn** The *fawn* had white spots on it.	**bįįh yáázh**—fawn *Bįįh yáázh* éí łigaigo bine'dę́ę́' bee yistł'in.
***feather** The hunter found a white *feather*.	**ats'os**—feather Naalzheehí *ats'os* łigai léi' néidiilá.
***February** Last *February* we played in the snow every day.	**Atsá Biyáázh**—February *Atsá Biyáázh* yę́ędą́ą́' t'áá ákwííjį́ yas bii' ninádeii'neeh nít'éé'.
***feet** I have been walking since this morning thus my *feet* ache.	**shikee**—my feet Abííní yę́ędą́ą́' nikidiiyáani' áko *shikee'* daniigai.
***fence** This *fence* keeps the rabbits out.	**aná'ázt'i'ígíí**—fenced in area Díí *aná'ázt'i'ígíí* doo gah yii' nidaakai da.
***few** I do not have many, only a *few*.	**t'áá díkwíí**—just a few Doo lą'í da, *t'áá díkwíí* shee hóló̜.
***fifteen** There were *fifteen* birds sitting in the tree.	**ashdla'áadah**—fifteen *Ashdla'áadah* tsídii t'iis yąąh dah naháaztą́ą́ nít'éé'.
***fifty** My father is *fifty* years old.	**ashdladiin**—fifty Shizhé'é *ashdladiin* binááhai.

***February**

Last *February* we played in the snow every day.

English Word and English Sentence with the Word	Rough Translation of Navajo Word and Translation of English Sentence
***file** She sharpened the ax with a *file.*	**bee'ach'iishí**—file *Bee'ach'iishí* bee tsénił hááyiizhk'aazh.
***fill** *Fill* your glass with milk.	**bii' hadíłbin**—fill it with it Tóbeidlání abe' *bii' hadíłbin.*
***finally** We *finally* got to Farmington.	**hajoobá'ígo índa**—after some difficulty *Hojoobá'ígo índa* Tóta'di niikai.
***fingernail** I scratched the meat with my *fingernail.*	**shíláshgaan**—my fingernail Atsį' *shíláshgaan* bee yishch'id nít'éé.
***finish** *Finish* your work so we can get going.	**tsį́įłgo nanilnish**—do your work quickly *Tsį́įłgo nanilnish* áko náánéiikah doo.
***fire** The wind was blowing so hard, the *fire* went out.	**kǫ'**—fire T'óó báhádzidgo deeyolgo *kǫ'* neeztsiz.
***fire extinguisher** One should have a *fire extinguisher* in one's house.	**kǫ' bee niltsésí**—fire extinguisher *Kǫ' bee niltsésí* haghan góne' dah si'ą́ągo ál'į́.
***fireman** The *fireman* climbed up the ladder.	**kǫ' yiniłtsésí**—fireman *Kǫ' yiniłtsésí* haaz'éí yąąh kíi'na'.
***firewood** You did not bring in enough *firewood.*	**chizh**—firewood *Chizh* doo lą'í yah íínísjaa' da.
***first** *First* do the dishes.	**áłtsé**—first Łeets'aa'ígíí *áłtsé* táánígis.

***fill**
Fill your glass with milk.

English Word and English Sentence with the Word	**Rough Translation of Navajo Word and Translation of English Sentence**
***fish** *Fish* swim in the oceans and rivers.	**łóó'**—fish *Łóó'* tóniteel dóó tó nílínígíí yii' nida'ałkǫ́ǫ' łeh.
***fit** These shoes don't *fit* me.	**shíighah**—they fit me Díí ké doo *shíighah* da.
***five** When children are *five*, they start to go to school.	**ashdla'**—five Áłchíní *ashdla'* nibéédahaháahgo da'ółta'.
***fix** I am going to *fix* my bicycle.	**hasht'éé deeshdlííł**—I will fix it Sidzi'izí *hasht'éé deeshdlííł.*
***flag** Father always lowers the *flag* at sundown.	**dah naat'a'í**—flag E'e'áahgo shizhé'é *dah naat'a'í* ninéi'diiłtsos
***flame** A *flame* came far out and burned his shirt.	**kǫ' hadíínáadgo**—when a flame lapped out *Kǫ' hadíínáadgo* bi'éé'dejį'ígíí haidííłk'ą́ą'.
***flash** Did you see the lightning *flash?*	**jishgishgo**—when there was a flash *Jishgishgo*ísh yiniłtsą́?
***flat** Find some *flat* ground where we can put up our tent.	**K'íhónéezláagi**—it is a flat area Ni'góó *k'íhónéezláagi* níbaal nidoot'áłígi ła' hanítá.
***flew** I think that bird *flew* south for the winter.	**dah diit'a'**—it flew off Tsídii shádi'áahji'go *dah diit'a'* t'áá áadi bidoohah shą'shin.
***float** I think this board will *float.*	**dah naa'eeł doo**—it will float Díí tsiniheeshjíí' *dah naa'eeł doo* nisin.

***flag**

Father always lowers the *flag* at sundown.

English Word and English Sentence with the Word	**Rough Translation of Navajo Word and Translation of English Sentence**
***flock** A *flock* of birds flew from the tree.	**tsídii dah diijéé’**—a group of birds flew off *Tsídii* t’iis yits’ą́ą́dóó *dah diijéé’*.
***flour** Phil grinds his own wheat into *flour.*	**ak’áán**—flour Phil ak’áán biniyé tł’oh naadą́ą́’ t’áá bí yik’á.
***flower** Do not eat that *flower*—it will make you sick.	**ch’ilátah hózhóón**—flower *Ch’ilátah hózhóón* wóóyą́ą́’ lágo—yíníyą́ą’go nitah doo hats’íid da dooleeł.
***flown** It has *flown* away.	**eet’a’**—it flew Yóó’ *eet’a’*.
***fly** Birds can *fly,* but cows cannot.	**nidaat’a’**—they fly Tsídii éí *nidaat’a’*, béégashii éí doo nidaat’a’ da.
***fog** The *fog* came and the car’s lights came on.	**áhí**—fog *Áhí* hazlį́į́’go chidí bináá’ dadiiltła.
***foggy** It is so *foggy* I cannot even see you.	**áhí bee chahatł’ée’go**—since things are darkened by fog *Áhí bee chahatł’ée’go* biniinaa t’áa doo niiłtsą́ą da.
***folded** The horse stepped on the *folded* blanket.	**ahą́ą́h niilá**—it was folded Łį́į́’ beeldléí *ahą́ą́h niilá* yę́ę yik’i diiltáál.
***followed** The little dog *followed* me to school.	**shikéé’ yílwod**—it followed me Łééchąą’í yázhí ólta’góó *shikéé’ yílwod.*
***food** We are bringing some *food* to the ceremony.	**ch’iyáán**—food Hatáálgóó *ch’iyáá*n ła’ dadeejaa’.

***folded**
The horse stepped on the *folded* blanket.

English Word and English Sentence with the Word	Rough Translation of Navajo Word and Translation of English Sentence
***fool** That *fool* is driving a car without brakes.	**diigis**—fool Éí *diigis* bee' ínídiidlohí t'áágééd na'ałbąąs.
***foot** His left *foot* is bigger than his right foot.	**bikee'**—his foot *Bikee'* nishtł'ajígo bikee' nish'náájígo biláahgo áníłtso.
***football** He kicked the *football* straight up into the air.	**jooł yitalí**—football *Jooł yitalí* t'áá k'éhézdon dego yáá yídziiłtáál.
***footprints** The sand has lots of *footprints* in it.	**na'akéé'**—footprints Séí łą'í bii' *na'akéé'*.
***for sale** Is that bracelet *for sale?*	**na'iini' biniyé**—it is for sale Ei látsíníísh *na'iini' biniyé* sitá?
***forehead** His hair covers up his *forehead.*	**bítáá'dęę'**—at his forehead Bitsii' *bítáá'dęę'* nahííjool.
***forest** We found some wild strawberries in the *forest.*	**tsįyi'di**—at the forest *Tsįyi'di* dahwoozh ła' bik'íniniitą́ą́'.
***forever** I wonder if the stars will exist *forever.*	**hool'áágóó**—forever Sǫ' daats'í *hool'áágóó* t'áá hólǫ́ǫ doo?
***forget** Did you *forget* your book?	**beisíninah**—you forgot it Ninaaltsoosísh *beisíninah?*
***forgot** I *forgot* your name.	**beisénah**—I forgot it Nízhi' *beisénah.*

***football**

He kicked the *football* straight up into the air.

English Word and English Sentence with the Word	Rough Translation of Navajo Word and Translation of English Sentence
***forgotten** Yes, I have *forgotten* my book.	**beisénah**—I forgot it Aoo', shinaaltsoos *beisénah.*
***fork** You cannot eat soup with a *fork*, use a spoon.	**bíla'táa'ii**—fork *Bíla'táa'ii* doo atoo' bee dajidlą́ą da, béésh adee' éiyá chodao'į.
***forward** She walked *forward* three steps.	**náásgóó**—forward *Náásgóó* táa'di nideeltáál.
***fourth** I was born *fourth* in my family.	**dį́į' góne'**—fourth Shí éí *dį́į' góne'* shi'dizhchį́.
***fox** The dog chased the *fox* away from the chickens.	**ma'ii dootł'izhí**—fox Łééchąą'í *ma'ii dootł'izhí* naa'ahóóhai yik'iiníiłchą́ą'.
***free** They are giving away *free* oranges at the fair.	**t'áá jíík'eh**—free Nitsaa naa'ahóóhai ná'ádlééhídi ch'il łitsxooí *t'áá jíík'eh* naa'niih.
***freeze** At night the water will *freeze*.	**dootį́į́ł**—it will freeze Tł'ée'go tó *dootį́į́ł.*
***freight** The train brought the *freight* to Gallup.	**hééł**—freight Kǫ'na'ałbąąsii Na'nízhoozhídi *hééł* yiníyį́.
***Friday** She left last *Friday.*	**nida'iiníísh**—Friday Áłtsé *nida'iiníísh* yę́ędą́ą' dah nídiidzá.
***friend** A *friend* of mine helped me get over the fence.	**shik'is**—my friend Anít'i' báátis yish'néehgo *shik'is* shíká aalwod.

***friend**
A *friend* of mine helped me get over the fence.

English Word and English Sentence with the Word	Rough Translation of Navajo Word and Translation of English Sentence
***frog** The *frog* caught the fly with its tongue.	**ch'ał**—frog *Ch'ał* bitsoo' yee tsé'édǫ́'ii yił deezdéél.
***from** I am coming back *from* my older sister's house.	**-dę́ę́'**—from Shádí bighan*dę́ę́'* nááshdááł.
***front** The *front* of our house faces east.	**ch'é'étiin**—the path out Nihighan ha'a'áahjigo *ch'é'étiin.*
***frost** By morning, his window was covered with *frost.*	**sho**—frost Hayííłką́ągo bitsésǫ' t'áá át'é *sho* bąąh silį́į́'.
***froze** The water in the pipes *froze.*	**yistin**—it froze Tó bii' nílínígíí tó bii' *yistin.*
***frozen** The water in the bucket is *frozen.*	**yistin**—it froze Tó ásaa' biyi'ígíí *yistin.*
***full** I am *full* now, thanks for feeding me.	**náníichaad**—I've been filled K'ad *náníichaad*, ahéhee' łą́ą nits'ą́ą' íiyą́ą'.
***fun** Learning to swim is *fun.*	**bíhoneedlį́**—it gets one involved (or interesting) Ni'jiłkǫ́ǫ' bíhojiił'áahgo ayóo *bíhoneedlį́.*
***funny** My friends and I made *funny* faces at each other.	**ła' ałyóí**—a variety of ways Shí dóó shich'ooní nihinii' *ła' ałyóí* ałch'į' ádeiil'įįł nít'éé'.
***fur** A fox is covered with *fur.*	**aghaa'**—fur Ma'ii dootł'izhí t'áá sizį́į nít'éé' *aghaa'* bik'ésti'.

***full**
I am *full* now, thanks for feeding me.

English Word and English Sentence with the Word	Rough Translation of Navajo Word and Translation of English Sentence

G g

***gallons**
Put five *gallons* of gas in my tank.

yikáałgo—gallons
Ashdla'di *yikáałgo* chidí bitoo' shá biih nikaah.

***galloped**
The man who died used to stand up on the saddle while his horse *galloped.*

łįį' yilwołgo—as the horse ran
Hastįį ádin yęę *łįį' yilwołgo* łįį' biyéél yikáá' dah néidzįįh nít'éé'.

***game**
The children enjoyed the *game.*

nidajizne'ęę—the game they had played
Áłchíní *nidajizne'ęę* bił yá'ádaat'ééh.

***garden**
We grew tomatoes in our *garden.*

nihi dá'ák'eh yázhí—our garden
Nihi dá'ák'eh yázhí biyi' ch'il łichí'í nínádaniilt'įį.

***gas**
Your car is out of *gas.*

atoo'—gas
Nichidí *atoo'* bii' ásdįįd.

***gate**
The cowboy made a new *gate* for the corral.

bidáníditįhí—its gate
Akał bistłee'ii dibé bighan *bidáníditįhí* ániidígíí léi' áyiilaa.

***gentle**
My pet pony is very *gentle* and tame.

ayóo hóyą—it is well-mannered
Shilé'éyázhí ayóo *hóyą* dóó yízhǫǫd.

***get**
I will *get* a new hat.

nídideesh'ááł—I will get it
Ch'ah áníidígíí łá' *nídideesh'ááł.*

***got**
I *got* a new hat yesterday.

nídii'ą—I got it
Adąądąą' ch'ah áníidígíí léi' *nídii'ą*

***gentle**
My pet pony is very *gentle* and tame.

English Word and English Sentence with the Word	Rough Translation of Navajo Word and Translation of English Sentence
***giraffe** The *giraffe* stood at the pond and drank for a long time.	**k'osnézí**—giraffe or tsin látah ayání *K'osnézí* tó dah siyínídi sizįįgo tó lą'í yoodlą́ą́'.
***girl** That *girl* has red hair.	**at'ééd**—girl Níléí *at'ééd* bitsii' łichíí'.
***glass** Fill my *glass* with milk.	**bee'adlání**—glass *Bee'adlání* biyi' abe' shá hadíłbin.
***glasses** He put his *glasses* on and read to me.	**binák'eesinilí**—his glasses *Binák'eesinilí* ánák'ee niiní'nil dóó shich'į' ííłta'.
***gloves** In winter I wear *gloves* to keep my hands warm.	**shílájish**—my gloves Haigo éí *shílájish* shíla' bee sido biniyé hólǫ́ǫ łeh.
***glue** Help, Melissa, he poured *glue* on my hair!	**bee'ahída'diiljeehí**—glue Shíká áníłyeed—Malísa *bee'ahída'diiljeehí* shitsii' yik'i yayii'ą́!.
***goat** My grandmother used to milk her *goat.*	**tł'ízí**—goat Shimásání *tł'ízí* náyii'nih łeh.
***gold** He works in a *gold* mine.	**óola**—gold *Óola* haagéedgi naalnish.
***good** That is a *good* belt you made.	**nizhóní**—nice Ei sis íinilaaígíí *nizhóní.*
***good-by** *Good-by.* I will see you tomorrow.	**hágoónee'**—good-by *Hágoónee'*. Yiską́ągo shįį́ náá'ahidiiltséél.

***glasses**
He put his *glasses* on and read to me.

English Word and English Sentence with the Word	Rough Translation of Navajo Word and Translation of English Sentence
***good morning** My teacher said, *good morning* to me.	**yá'át'ééh abíní**—good morning. Bá'ólta'í *yá'át'ééh abíní* shidíiniid.
***grandfather** My *grandfather* taught me how to sing.	**shicheii**—my mother's father *Shicheii* sin ła' yíshiyiił'ą́ą́'.
***grandmother** *Grandmother* is at home taking care of the baby.	**shinálí**—my father's mother T'áá hooghandi *shinálí* awéé' yaa áhályą́.
***grapes** Margaret picked some *grapes* and she placed them in a box.	**ch'il na'atł'o'ii**—grapes Máago' *ch'il na'atł'o'ii* ła' náyiizláá' dóó naaltsoos tsits'aa' yiih yiyíínil.
***grass** There's lots of *grass* across the wash.	**tł'oh**—grass Bikooh góyaa *tł'oh* t'óó ahayóí.
***grasshopper** I caught a *grasshopper,* but it got away.	**nahachagii**—grasshopper *Nahachagii* bił dédéél, nít'éé' sits'ą́ą́' dah nídiit'a'.
***gray** The *gray* duck was sitting in the tall brush.	**łibá**—gray Naal'eełí *łibá*hą́ą hodíłch'il yiyi' sidá.
***green** I made a *green* skirt.	**dootł'izh**—bluish-green Tł'aakał *dootł'izh* léi' áshłaa.
***ground** There is broken glass on the *ground.*	**ni'góó**—on the ground Tózis naaztsxeed léi' *ni'góó* nihidítąąd.
***group** There is a *group* of people behind the house.	**naazį́**—a group is standing Kin bine'jí ła' diné *naazį́.*

***grandmother**
Grandmother is at home taking care of the baby.

English Word and English Sentence with the Word	Rough Translation of Navajo Word and Translation of English Sentence
***grove** A spring is flowing between that *grove* of trees.	**t'iis dah shijaa'ígíí**—grove of trees *T'iis dah shijaa'ígíí* tó bitah íílį́.
***growled** The bear *growled* at the hunter.	**wą́ǫǫ**—grrrrrr Shash naalzheehí *wą́ǫǫ* yiłní.
***grown up** Someday I will be a *grown up* person.	**hóyáanii**—a mature person Háadida t'áá *hóyáanii* deeshłeeł.
***guard** I *guard* our sheep from wild animals.	**baa áháshyą́ą łeh**—I guard them Naaldlooshii bádahadzidígíí bits'ą̨ąh nihidibé *baa áháshyą́ą łeh*
***guess** My *guess* was right.	**éé'deeshtįįhgo**—my guess *Éé'deeshtįįhgo* t'áá ákót'éé lá.
***gum** His *gum* popped on his face.	**jeeh**—gum *Jeeh* biniijį' deeshchxosh.
***gun** Put that *gun* away.	**bee'eldǫǫh**—gun *Bee'eldǫǫh* nahgóó kónílééh.
***gust** A *gust* of wind blew her hat off.	**deeyolgo**—when it gusted *Deeyolgo* hach'ah hak'éeyol.

***grown up**
Someday I will be a *grown up* person.

English Word and English Sentence with the Word	Rough Translation of Navajo Word and Translation of English Sentence

H h

***hail**
Hail fell on the metal roof and made a lot of noise.

níló—hail
Níló kin bikáá' nídeiniłne'go ayóó íits'a'.

***hair**
He combs his *hair,* but it stays curly.

bitsii'—his hair
Bitsii' néishoh, nidi t'áá yishch'ilí yishch'il.

***half**
Give me *half* of the corn.

ałní'ídóó—half
Naadą́ą́' t'áá *ałní'ídóó* shaa nítįįh.

***hammer**
She used her *hammer* to make a ladder.

bee'atsidí—hammer
Bee'atsidí choyoos'įįd haaz'éí íílééhgo.

***hand**
I got paint all over my *hand.*

shíla'—my hand
Kin bee yidleeshí t'áá át'é *shíla'* bąąh silíį́'.

***handle**
The *handle* came off the bucket.

bee naadlo'í—handle
Ásaa' *bee naadlo'í* baa diikę́ę́z.

***happy**
The *happy* boy jumped up.

bił hózhónígíí—the happy one
Ashkii *bił hózhónígíí* dego dah náníljį́įh.

***hard**
The heel of my shoe is very *hard.*

nitł'iz—it is hard
Shikétal ayóo *nitł'iz.*

***harvest**
There will be plenty of food at *harvest* time.

da'nit'į́įhgo—at ripening time
Da'nit'į́įhgo ch'iyą́ą́ t'óó ahayói doo.

***hammer**
She used her *hammer* to make a ladder.

English Word and English Sentence with the Word	Rough Translation of Navajo Word and Translation of English Sentence
***hat** He put his *hat* on to keep the sunlight off his face.	**bich'ah**—his hat *Bich'ah* ák'iidoot'ą́, áko jį́honaa'éí binii' doo bik'i' diiłdíin da.
***hate** I will *hate* you if you hurt my horse.	**nijooshłáa doo**—I will hate you Shilį́į́' atídinilaago t'óó *nijooshłáa doo.*
***buzzard** The *buzzard* flew slowly through the air. hawk—dzílí	**jeeshóó'**—buzzard *Jeeshóó'* hazhó'ógo wódahgo nídít'ah.
***hay** Almost all of the *hay* is gone.	**tł'oh**—hay T'áá át'é *tł'oh* k'adę́ę ádįįh.
***he** *He* is the one who did it.	**bí**—he is the one Éí *bí* át'į́į nít'éé'.
***head** She threw the ball at my *head,* but I ducked.	**sitsiits'iin**—my head Jooł *sitsiits'iin* yee yíníiłne' nít'éé', áko nidi yaa ásdzaa.
***health** Charles's *health* has improved, but he was very sick last year.	**shánah naaghá**—he is healthy Cháala *shánah naaghá* k'ad, kóhoot'éédą́ą' éí t'áá yéego bitah doo hats'íid da nít'éé'.
***heart** She ran fast and her *heart* beat fast.	**bijéí**—her heart Yéego nídiilwod nít'éé' *bijéí* ałdó' yéego dah diilwod.
***heat** When the *heat* gets hot, I start sweating.	**deesdoi**—hot weather *Deesdoi* haleehgo tó shąąh hanátił łeh.

***head**
She threw the ball at my *head*, but I ducked.

English Word and English Sentence with the Word	Rough Translation of Navajo Word and Translation of English Sentence
***heavy** He cannot lift that rock because it is so *heavy.*	**nidaaz**—it is heavy Ei tsé *nidaaz*go biniinaa ch'ééh dayidii'aah
***heel** I have a blister on the *heel* of my foot.	**shikétal**—my heel *Shikétal* bąąh tó da'iiłtą́.
***hello** *Hello,* my name is Suzie.	**yá'át'ééh**—hello *Yá'át'ééh,* Sóozii éí yinishyé.
***help** He came to me asking for *help.*	**shíká adíilwoł**—help me *Shíká adíilwoł* níigo shaa níyá.
***hen** The chicks followed the *hen* around.	**naa'ahóóhai ba'áadii**—hen Naa'ahóóhai yázhí *naa'ahóóhai ba'áadii* yikéé' naajeeh.
***her** That was *her* hat.	**bich'ah**—her hat Eii *bich'ah* nít'éé'.
***herd** The *herd* of sheep is up on the mesa.	**dibé naakai**—the herd of sheep is moving *Dibé* deesk'id yikáa'di *naakai.*
***here** *Here* it is.	**kǫ́ǫdí**—it is here *Kǫ́ǫdí* lá.
***hers** The hat was *hers.*	**bich'ah**—her hat Éí níléí *bich'ah* nít'éé'.
***herself** Mary washed her clothes all by *herself.*	**t'áá bí**—herself Méewii *t'áá bí* bi'éé' yizgis.

***herd**
The *herd* of sheep is up on the mesa.

English Word and English Sentence with the Word	Rough Translation of Navajo Word and Translation of English Sentence
***hide** He tanned the *hide* and placed it on the floor.	**akágí**—hide *Akágí* yiyíísą̨ dóó ni'góó niiníłkaad.
***high** Eagles fly *high* up in the sky.	**wót'áahdi**—high up there Atsá *wót'áahdi* nidaat'a' łeh.
***hill** I climbed that *hill* because I wondered what was on the other side.	**dah yisk'id**—hill *Dah yisk'id* łajígo ha'át'íí lá hólǫ́ǫ́ lá nisingo bikáá' hanásh'nah.
***him** Not *him!* Pick another boy.	**bí**—him *Bí* éí dooda. Ashkii ła' nináádiiłteeh.
***himself** He sat in the corner by *himself.*	**t'áá sáhí**—by himself Bee nástł'ah góne' *t'áá sáhí* sidáá nít'éé'.
***his** He is crying because *his* bicycle was stolen.	**bidzi'izí**—his bicycle *Bidzi'izí* neest'į́į́'go biniinaa jicha.
***hive** The bear knocked the bee *hive* out of the tree.	**tsés'ná bighan**—bee hive Shash *tsés'ná bighan* ádayííłne'.
***hold** Please *hold* my coat for me.	**dah yíłtsos**—hold it T'áá shǫǫdí shi'éétsoh shá *dah yíłtsos.*
***hole** There is a prairie dog in the *hole.*	**be'a'áán**—its hole Dlǫ́ǫ́' léi' *be'a'áán* góne' sidá.
***hollow** The fox ran into the *hollow* log.	**biih hoodzání**—the hollow space in it Ma'ii dootł'izhí nástą́ą́ *biih hoodzání* góne'é eelwod.

***hill**
I climbed that *hill* because I wondered what was on the other side.

English Word and English Sentence with the Word	Rough Translation of Navajo Word and Translation of English Sentence
***home** I was not at *home* yesterday.	**hooghandi**—at home Adą́ądą́ą́' *hooghandi* doo sédáa da nít'éé'.
***honest** He is an *honest* boy and he has many friends.	**doo biyooch'íid da**—he doesn't lie Ashkii *doo biyooch'íid da* dóó bich'ooní t'óó ahayóí.
***honey** Oh, that *honey* tasted so good!	**tsés'ná bitł'izh**—honey Ei *tsés'ná bitł'izh* ayóo łikan lá.
***hood** Jennifer sat on the *hood* of the car.	**chidí bíchį́į́h**—the car's hood Jéniba *chidí bíchį́į́h* yikáa'gi dah sidáá nít'éé'.
***hook** He hung his coat on the *hook*.	**éé' dah náhidii'niłígi**—where clothes are hung *Éé' dah náhidii'niłígi* bi'éétsoh dah yidiyiiłtsooz.
***hoop** He rolled the *hoop* across the street.	**bąąs**—hoop *Bąąs* atiin tsé'naa niiníłbą́ą́z.
***hope** There is no *hope*, the teacher does not understand me.	**doo chohóó'į́į́ da**—there's no hope *Doo chohóó'į́į́ da*, bá'ólta'í doo shik'i'diitį́įh da.
***horn** He grabbed the bull by its *horn and wrestled it to the ground.*	**bidee'**—its horn Dóola *bidee'* yisił dóó ni'jį' niiníłgo'.
***horse** My *horse* had a colt last night.	**shilį́į́'**—my horse Tł'éédą́ą́' *shilį́į́'* tsa'ii ashchį
***horsefly** My aunt woke up when a *horsefly* landed on her nose.	**tł'ézhii**—horsefly Shimáyázhí *tł'ézhii* bíchį́į́h yąąh dah neezdáago ts'ínádzid.

***hoop**
He rolled the *hoop* across the street.

English Word and English Sentence with the Word

Rough Translation of Navajo Word and Translation of English Sentence

***hospital**
John's older brother broke his arm and he is in the *hospital.*

azee'ál'į́įdi—at the hospital
Jáan bínaaí bigaan k'íiníti' dóó *azee'ál'į́įdi* sidá.

***hot**
I burned my hand on that *hot* plate.

sido—the thing is hot
Łeets'aa' *sido* léi' shíla' bee díílid.

***hours**
He got back three *hours* ago.

ahéé'ílkid—hours passed
Táadi *ahéé'ílkid* yę́ędą́ą' nádzá.

***house**
He built a *house* out of stones and cement.

kin—house
Tsénádleehí dóó tsé yee *kin* áyiilaa.

***how**
How does a refrigerator work?

hait'éegosh—how
Bee'atiní *hait'éegosh* naalnish?

***hug**
Mother, I need a *hug.*

sizéénichid—hug me
Shimá, *sizéénichid.*

***hundred**
She paid a *hundred* dollars for that saddle.

neeznádiin—hundred
Eii łį́į' biyéél t'ááłáhídi *neeznádiin* béeso yik'iinílá.

***hunger**
I am dying of *hunger.*

dichin—hunger
Dichin shi'niiłhį́.

***hurts**
My leg *hurts* because I cut it.

neezgai—it hurts
Shijáád shégishgo biniinaa *neezgai.*

***husband**
The woman's *husband* is painting their house.

bahastįį—her husband
Asdzą́ą́ *bahastįį* kin néidleesh.

***house**

He built a *house* out of stones and cement.

English Word and English Sentence with the Word	Rough Translation of Navajo Word and Translation of English Sentence

I i

***I**
I am the one who gave him the money.

shí—I am the one
Shí béeso baa nínil.

***ice**
Put some *ice* on the meat.

tin—ice
Atsį' *tin* ła' bikáá' niníníił.

***ice cream**
Mary licked her *ice cream*.

abe' dahistinígíí—ice cream
Méewii *abe' dahistinígíí* yiłnaad.

***if**
If you go to Red Mesa, take me with you.

-go—if
Tséłchíí' Dah'azkánígóó díníyáa*go* shídó' dooleeł.

***ill**
Sam felt *ill*, so he stayed home.

bitah doo hats'íid da—he didn't feel healthy
Sę́ęm *bitah doo hats'íidgóó* biniinaa t'áá hooghandi sidáá nít'éé'.

***important**
This will be a very *important* meeting.

baa hasti'ígíí—important
Agháadi *baa hasti'ígíí* baa áłah aleeh.

***in**
The toys are *in* the box.

bii'—in it
Daané'é tsits'aa' *bii'* si'ą́.

***Indians**
Navajos are *Indians*.

bitsį' yishtłizhii—Indians
Naabeehó *bitsį' yishtłizhii* ádaat'é.

***ink**
My pen is out of *ink*.

shi bee'ak'e' alchíhí bitoo'—my pen's ink
Shi bee'ak'e' alchíhí bitoo' ásdįįd.

***ice cream**
Mary licked her *ice cream*.

English Word and English Sentence with the Word

Rough Translation of Navajo Word and Translation of English Sentence

***insects**
There are too many *insects* here, so let's go somewhere else.

ch'osh—insects
Akǫ́ǫ́ *ch'osh* t'óó ahayóí áko náánáłahgóó náádiit'ash.

***inside**
It was warm *inside* the house, so he came in.

wóne'é—inside the house
Wóne'é deesdoigo biniinaa yah ííyá.

***instead of**
Bill went to the store *instead of* Alice.

yitsásk'eh'—in her place
Bíil élis *yitsásk'eh'* kingóó naayá

***into**
Get *into* the car and drive it next to the house.

biih—into it
Chidí *biih* nilyeed dóó kin bíighahgóó nił noolyeed.

***iron**
When the *iron* was cold, he put it away.

bee k'éé'éldǫǫhí—iron
Bee k'éé'éldǫǫhí niik'aazgo nahgóó kónáyiidlaa.

***it**
It is a flashlight.

át'é—it is
Bee' ni'dildlaadí *át'é*.

***itch**
When I *itch* I have to scratch.

yisxę́ęsgo—when I itch
Yisxę́ęsgo biniinaa ádi'niishch'i'.

***itself**
One sheep was by *itself*.

t'áálá'í naagháá nít'éé'—it was by itself
Dibé ła' *t'áálá'í naagháá nít'éé'*.

***it**
It is a flashlight.

English Word and English Sentence with the Word	Rough Translation of Navajo Word and Translation of English Sentence

J j

***jack**
The car had a flat tire and we did not have a *jack*.

chidí bee dah nídiit'áhí—jack
Chidí bikee' niiłtsǫǫz dóó *chidí bee dah nídiit'áhí* nihee ádin.

***jacket**
It got cold after the sun went down and Phillip put on his *jacket*.

bi'éétsoh—his jacket
Jį́honaa'éí íìyáago deesk'aaz hazlį́į' áádóó Bíli' *bi'éétsoh* yiih yíyá.

***jackrabbit**
The *jackrabbit* hopped away.

gahtsoh—jackrabbit
Gahtsoh yóó' ahoocha'.

***jail**
She stole a car and she was put in *jail*.

awáalya—jail
Chidí yineez'į́į'go biniinaa *awáalya* abi'doolt'e'.

***January**
Last *January* the road was really muddy.

Yas Niłt'ees —January
Yas Niłt'ees yę́ędą́ą́' atiin t'óó báhádzidgo hashtł'ish nít'éé'.

***jar**
He caught the *jar* of jelly before it hit the ground.

tózis—jar
Jélii *tózis* bii' yę́ę t'áadoo ni' niheelts'ídí yił deezdéél.

***jelly**
He spread some *jelly* on the bread.

jélii—jelly
Jélii bááh yííztłéé'.

***job**
My *job* is to take care of my little brother.

shinaanish—my job
Shitsilí baa áháshyą́ągo *shinaanish* íínísin.

***join**
I ran to *join* my friends.

bídeeshwoł—I will catch up with them
Sik'is *bídeeshwoł* biniyé nídiishwod.

***jail**
She stole a car and she was put in *jail*.

English Word and English Sentence with the Word	Rough Translation of Navajo Word and Translation of English Sentence
***joke** She played a *joke* on the doctor by playing sick.	**yi'deezlo'**—she played a joke on him Da'áhodiltsaah á'díl'į́įgo azee'íił'íní *yi'deezlo'*.
***journey** My *journey* to Alaska lasted a year.	**tádísháahgo**—when I toured around Alę́ęskagóó *tádísháahgo* t'áálá'í shinááhai.
***judge** The *judge* sentenced her to three months in jail.	**ánahwii'aahii**—judge *Ánahwii'aahii* táá' nídeezidjį' awáalya góne' bá nihoní'ą́.
***jug** They keep kerosine in that *jug*.	**tóshjeeh yáázh**—jug Ak'ahkǫ' *tóshjeeh yáázh* yiih nídeikááh.
***juice** They were so thirsty they drank up all the orange *juice*.	**ch'il łitsxooí bitoo'**—orange juice Dibáá' bi'niighą́ą'go biniinaa *ch'il łitsxooí bitoo'* ałtso dayoodlą́ą́'.
***July** It gets very hot in *July*.	**Ya'iishjáástsoh**—July *Ya'iishjáastsoh* biyi' ayóo deesdoi łeh.
***jump** I had to *jump* over the puddle.	**báátis dah néshjį́įd**—I jumped over Tó siziidígíí *báátis dah néshjį́įd*.
***June** I am going to Utah this *June*.	**Ya'iishjáashchilí**—June *Ya'iishjáashchilí* biyi' Yutagóó déyá.
***junk** We threw our *junk* into that pit over there.	**ts'iilzéí**—junk Níléí łee' oogeed góyaa *ts'iilzé* yáádahiigééh.
***just** He *just* does not know what he is doing.	**t'óó**—just Yaa naagháhígíí nidi *t'óó* doo bił béého̜zin da.

***jump**
I had to *jump* over the puddle.

English Word and English Sentence with the Word	Rough Translation of Navajo Word and Translation of English Sentence

K k

***kangaroo**
The *kangaroo* keeps her baby in her belly pocket.

nahat'e'iitsoh—kangaroo
Nahat'e'iitsoh biyázhí biza'azis góne' sitíí łeh.

***key**
I looked for my *key* for an hour before I found it.

shibee ąą'nídítįhí—my key
Shibee ąą'nídítįhí hanishtáago t'áálá'í ahéé'ílkid áádóó bik'íninítą́ą́'.

***kid**
The boy chased the *kid* around and around the hogan.

tł'ízí yázhí—kid
Ashkii *tł'ízí yázhí* hooghan binaa ahéeniníłtchą́ą́'.

***kind**
The children were *kind* to the puppies.

yaa dajooba'—they were kind to them
Áłchíní łééchąą yázhí ayóo *yaa dajooba'*.

***kindergarten**
My younger sister learned to count things in *kindergarten*.

hada'iiłtáhí góne'é—in kindergarten
Áłchíní *hada'iiłtáhí góne'é* shideezhí t'áadoo le'é (things) yółta' yíhooł'ą́ą́'.

***kiss**
My mother gave me a *kiss*.

sizts'ǫs—she kissed me
Shimá *sizts'ǫs*.

***kitchen**
The potatoes are in a sack in the *kitchen*.

ch'iyą́ą́'ál'íní—kitchen
Ch'iyą́ą́'ál'íní góne'é nímasii azis bee siłtsooz.

***kitten**
Please let me hold the *kitten*.

mósí yázhí—kitten
T'áá shǫǫdí *mósí yázhí* dah diishteeh.

***knee**
When I fell I scraped my *knee*.

shigod—my knee
Dishtłishgo *shigod* bét'o'.

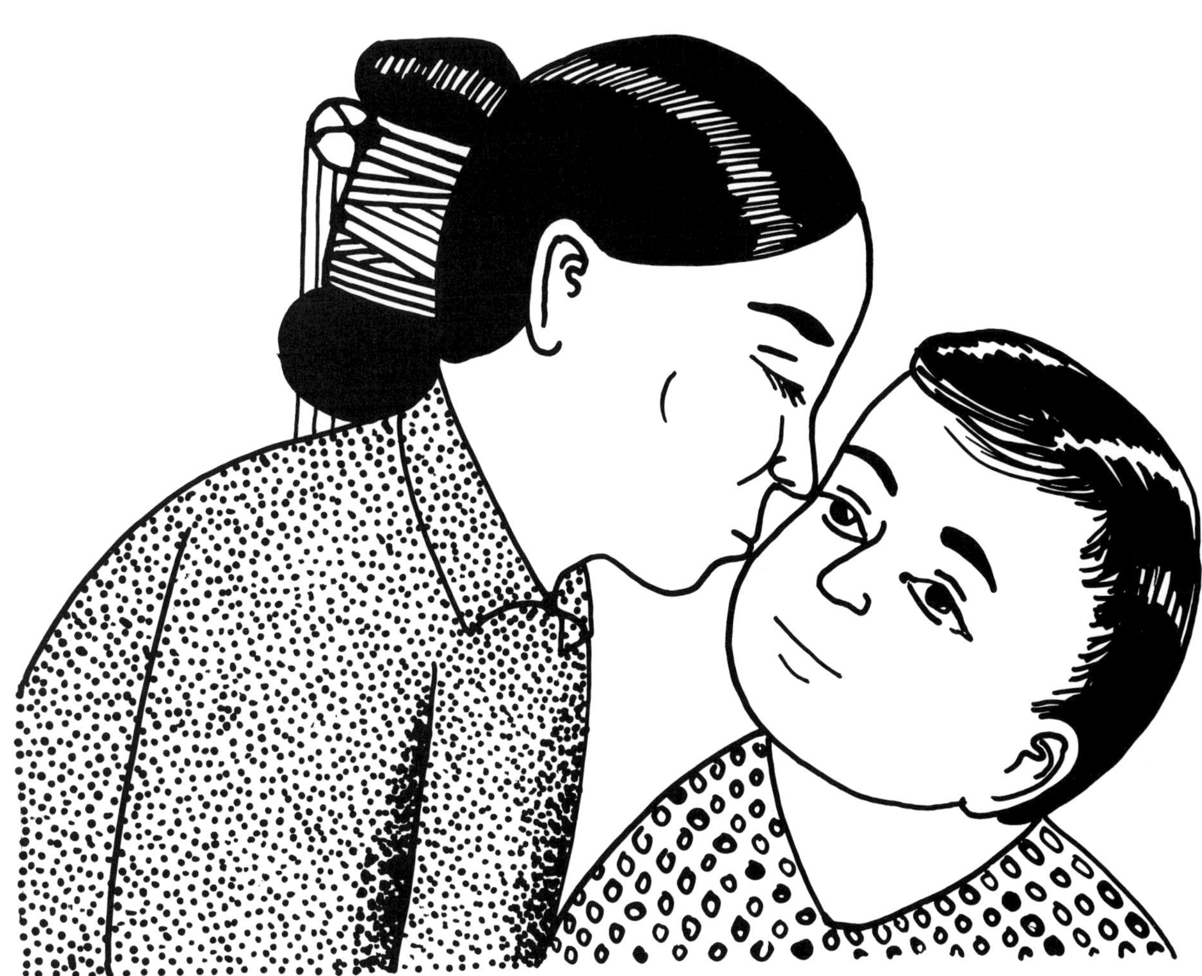

***kiss**
My mother gave me a *kiss*.

English Word and English Sentence with the Word	Rough Translation of Navajo Word and Translation of English Sentence
***knife** Sharpen your *knife*.	**nibéézh**—your knife *Nibéézh* nik'aash.
***knot** The shoelace had a *knot* in it.	**shaazh**—knot Akétł'óól *shaazh* bąąh lá.

***knife**
Sharpen your *knife*.

English Word and English Sentence with the Word	Rough Translation of Navajo Word and Translation of English Sentence

L l

***ladder**
You don't need a *ladder* to get on that horse!

haaz'éí —ladder
Łį́į́' bikáá' dah nídaahgo *haaz'éí* doo choidíił'įįł da!

***lake**
The *lake* is filled with fish and frogs.

be'ek'id—lake
Be'ek'id biyi' łóó' dóó ch'ał t'óó ahayóí.

***lamb**
One *lamb* got lost and we had to go back to find it.

dibé yázhí—lamb
Dibé yázhí ła' yóó' ííyá biniinaa bíká t'ą́ą́' ninásiikai.

***lamp**
She found her matches and she lit the *lamp*.

ak'ahkǫ'—lamp
Bitsitł'ėłí yik'í ninítą́ą́' dóó *ak'ahkǫ'* yidiiłtła.

***land**
They said our *land* is overgrazed.

nihi kéyah—our land
Nihi kéyah bikáá' naaldlooshii t'óó ahayóí nídanoołt'ą́ą́ lá nihi'doo'niid.

***lap**
I sat on my mother's *lap* and whispered to her.

bitsásk'ee—her lap
Shimá *bitsásk'ee* dah sédáago hazhóó'ógo bich'į' yáshti' nít'éé'.

***large**
The *large* dog chased the small dog away.

-tsoh—large
Łééchąą*tsoh* łééchąą yázhí nahgóó iiníiłchą́ą́'.

***last**
We sold the *last* pig yesterday.

t'áátá'í yidziih—one remains
Adą́ą́dą́ą́' bisóodi *t'áátá'í yidziih* nít'éé' nihaa nahaaznii'.

***late**
I stood out in the cold a long time because the school bus was *late*.

doo hah yílyeedgóó—since it didn't come on time
Chidíłtsooí *doo hah yílyeedgóó* biniinaa hak'az bii' sézį́įgo hodíina'.

***lamb**
One *lamb* got lost and we had to go back to find it.

English Word and English Sentence with the Word	Rough Translation of Navajo Word and Translation of English Sentence
***laugh** When I see that lawyer walking I always *laugh.*	**baa dlo nisin**—I laugh Agha'diit'aahii yigáałgo yiistséehgo t'óó *baa dlo nisin* łeh.
***lay** Don't *lay* on a cactus, it will hurt.	**bik'i nóótééł lágo**—don't lay on it Hosh *bik'i nóótééł lágo,* háálá neezgai doo.
***lazy** She was so *lazy* I had to push her out of bed.	**bił hóyée'go**—since she was so lazy *Bił hóyée'go* biniinaa tsásk'eh bikáá'dę́ę́' ádah abíiyil.
***leader** We elected our *leader* last November.	**nihi naat'áanii**—our leader Níłch'its'ósí yę́ędą́ą́' *nihi naat'áanii* bá ada'iyee'nil.
***leaf** A *leaf* floated down from the tree and I caught it.	**bit'ąą'**—its leaf T'iis *bit'ąą'* bił adááyol dóó bił dédéél.
***learn** What did you *learn* today?	**bíhwiinił'ą́ą́'**—you learned it Jįįdą́ą́' ha'át'íísh *bíhwiinił'ą́ą́'*?
***leather** Some shoes are made out of *leather.*	**akał**—leather Ké *akał* bee ádaalyaa.
***left** Turn *left* at the next corner.	**nishtł'ajígo**—to the left Nagháí bee nástł'ahdóó *nishtł'ajígo* dah didíínáát.
***leg** My dog has a black spot on one *leg.*	**bijáád**—its leg Shiléécháą'í t'ááłáhájí *bijáád* dah łizhin.
***legal** Is it *legal* to kick a policeman?	**bee haz'áanii biyi'**—it is legal Siláo jiitałgoísh *bee haz'áanii biyi'* yisdzoh?

***leather**
Some shoes are made out of *leather*.

English Word and English Sentence with the Word

Rough Translation of Navajo Word and Translation of English Sentence

***letter**
I wrote a nasty *letter* to the mechanic.

naaltsoos bich'į' áshłaa—I wrote him a letter
Chidí hasht'éédeil'ínígíí ła' *naaltsoos* t'óó nichǫ'ígo *bich'į' áshłaa*.

***lettuce**
I tried to grow *lettuce*, but the horses ate it all.

ch'iłigaaí—lettuce
Ch'iłigaaí ch'ééh k'éédíshdlééh łį́į́' t'óó sits'ą́ą́' nídeidį́į́h.

***library**
I am going to the *library* to find information on butterflies.

naaltsoos bá hooghangóó—toward the library
K'aalógii shił bééhodoozįįł biniyé *naaltsoos bá hooghangóó* déyá.

***lick**
The sheep will *lick* the block of salt.

deidoołnał—they will lick it
Dibé áshįįh *deidoołnał*.

***lid**
Put the *lid* on the pan so the potatoes will stay hot.

binanídít'áhí—its lid
Tsee'é *binanídít'áhí* bikáá' dah sí'aah áko nímasii sido doo.

***lie**
If you *lie* in the sun you will get a sun tan.

sínítįįgo—if you lie
Shą́ą'jį' *sínítįįgo* nikágí yidoojį́į́ł.

***life**
He is happy with his *life* because he has lots of children and he has learned a lot about them.

bi'iina'—his life
Ba'áłchíní t'óó ahayóí dóó łą'í íhooł'ą́ą'go biniinaa *bi'iina'* yaa bił hózhǫ́.

***light**
The sun's *light* helps the plants to grow.

shánídíín—sunlight
Shánídíín bee ch'il ayóo nidanise'.

***library**
I am going to the *library* to find information on butterflies.

English Word and English Sentence with the Word	**Rough Translation of Navajo Word and Translation of English Sentence**
***lightning** First I saw *lightning* and then I heard thunder.	**atsiniltł'ish**—lightning *Atsiniltł'ish* áłtsé yiiłtsą́ áádóó adí'níigo diséts'ą́ą́'.
***like** I *like* you, you are funny.	**shił yá'ánít'ééh**—I like you *Shił yá'ánít'ééh,* t'óó naa dlohasin.
***limb** The wind blew so hard, a *limb* broke off the tree.	**tsin bits'óaz'a'**—its limb Yéego deeyol nít'éé' *tsin bits'óaz'a'* ła' k'é'éltǫ'.
***line** Draw a *line* from the word to the picture.	**bita' na'nízóóh**—draw a line between them Saadígíí dóó na'ashch'ąą'ígíí *bita' na'nízóóh.*
***lip** George hit me on the *lip.*	**shizadzííłts'in**—he hit me in the lip Jóosh *shizadzííłts'in.*
***listen** *Listen* to this story.	**yíníłts'ą́ą́'**—listen to it Díí hane' *yíníłts'ą́ą́'.*
***little** The *little* girl played with the kitten and she laughed.	**yázhí**—little At'ééd *yázhí* mósí yázhí yił naané dóó anádloh.
***load** My father brought a *load* of hay yesterday.	**niiníyį**—he brought a load in Adą́ą́dą́ą́' shizhé'é tł'oh *niiníyį.*
***lock** There is a *lock* on the door, so no one is home.	**bił dah az'ą́**—it has a lock on it Dáádílkał *bił dah az'ą́,* áko doo naagháhí da.
***log** The *log* is leaning against the house.	**nástáán**—log *Nástáán* hooghan bíniitą́.

***line**

Draw a *line* from the word to the picture.

English Word and English Sentence with the Word	Rough Translation of Navajo Word and Translation of English Sentence
***long** His beard is getting *long*.	**nineez**—it is long Bidághaa' *nineez* yileeł.
***loose** The leg of this chair is *loose*.	**ni'díníwóód**—it is wobbling Bik'idah'asdáhí bijáád *ni'díníwóód.*
***lose** Did you *lose* your sweater?	**yóó' íínííyį́**—you lost your loose thing Ni'éé' naats'ǫǫdiísh *yóó' íínííyį́?*
***lot** That tree has a *lot* of peaches.	**t'óó ahayóí**—there are a lot Nílééí tsin didzétsoh *t'óó ahayóí* bąąh.
***loud** The record player is too *loud*, turn it down.	**ayóo íits'a'**—it is very loud Béésh hataałí *ayóo íits'a'*, yaa kónánídlééh.
***low** The ceiling is so *low* I cannot stand up straight.	**biyaa áhoohą́dí**—there is very little room under it Kin biyi'dóó dego *biyaa áhoohą́dí* áko ch'ééh k'éhézdon yiisį́įh.
***lump** The *lump* on my head hurts, so do not touch it.	**dah yisk'idígíí**—lump Sitsiits'iin bikáá' *dah yisk'idígíí* bidoólchííd lágo ayóo neezgai.
***lunch** I am hungry. Let's eat *lunch*.	**nihist'e'**—our simple meal Dichin shi'niiłhį́. *Nihist'e'* diidį́įł.

***long**
His beard is getting *long*.

English Word and English Sentence with the Word	Rough Translation of Navajo Word and Translation of English Sentence

M m

***machine**
What does this *machine* do?

béésh naalnishí—machine
Díí *béésh naalnishí shą'* ha'át'íí binaanish?

***magnet**
My *magnet* can pick up this needle.

shibéésh ná'iiláhí—my magnet
Shibéésh ná'iiláhí díí tsah néididootį́į́ł.

***mail**
There is some *mail* in the box.

naaltsoos—mail
Tsits'aa' *naaltsoos* ła' biyi' sinil.

***make**
I will *make* a cake for Sally.

ádeeshłíįł—I will make it
Bááh łikaní Sę́ęlii ła' bá *ádeeshłíįł*.

***male**
That is not a *male* dog, she had puppies.

biką'ígíí—male
Eii doo łééchąą'í *biką'ígíí* át'ée da, biyázhí niyiiłchííh.

***man**
That *man* is my grandfather's older brother.

hastįį—older man
Níléí *hastįį* shicheii bínaaí át'é.

***many**
There are *many* rocks in the wash.

t'óó ahayóí—there are many of them
Bikooh góyaa tsé *t'óó ahayóí* hóló.

***map**
I have a *map* of the Navajo Reservation.

naaltsoos kéyah biká'ígíí—map
Naaltsoos Naabeehó bi*kéyah biká'ígíí* shee hóló.

***marbles**
Marbles are round glass balls you play with.

máazo—marbles
Máazo éí tózis danímazígíí át'é dóó bee nidajiné.

***March**
The wind blows hard in *March*.

Wóózhch'įįd—March
Wóózhch'įįd biyi' ayóo níyol łeh.

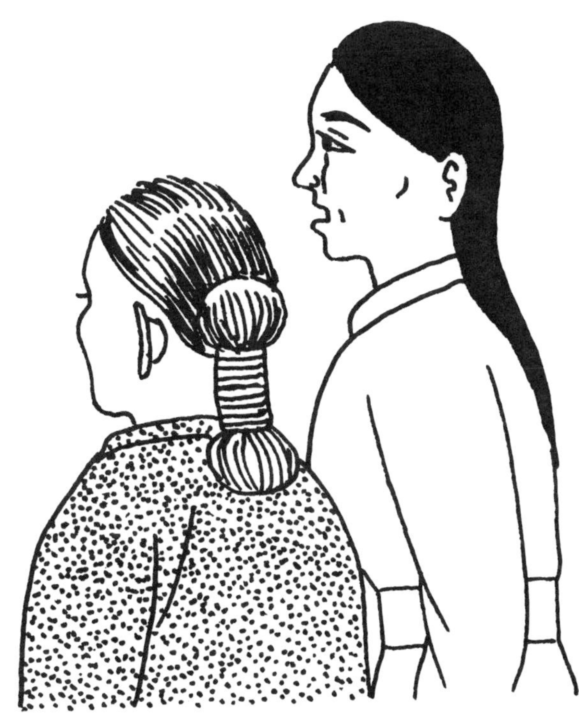

***man**

That *man* is my grandfather's older brother.

English Word and English Sentence with the Word | **Rough Translation of Navajo Word and Translation of English Sentence**

***mark**
Robert drew a *mark* on the rock.

azoh—he marked
Láabid tsé yikáá' *azoh.*

***mask**
That *mask* scared me.

hatsiits'iin bił yaa ninádaat'áhígíí—mask
Hatsiits'iin bił yaa ninádaat'áhígíí bik'ee désyiz.

***match**
My mother lit the *match* and started the fire.

tsitł'éłí—match
Shimá *tsitł'éłí* yidiiłtłah dóó diidííłjéé'.

***May**
In *May* the leaves grow big.

T'ą́ą́tsoh—May
T'ą́ą́tsoh biyi' at'ąą' ayóí ádaníłtéel łeh.

***maybe**
Maybe I am right and *maybe* I am wrong.

daats'í—maybe
T'áá ákó'iishłaa *daats'í,* éí doodago doo daats'í ákó'iishłaa da.

***meadow**
I saw our cattle grazing in the *meadow.*

ch'íhootsodi—at the meadow
Ch'íhootsodi nihi béégashii da'ałchozhgo yiiłtsą́.

***mean**
The *mean* old man constantly argues with his wife.

báháchį'ígíí—the mean one
Hastįį *báháchį'ígíí* ałahjį' be'asdzą́ą́ yił ahíyáltih.

***measure**
Do you have something to *measure* his window with?

bee bí'dí'nóol'ąąłígíí—it will be measured with it
Tsésǫ' t'áadoo le'é *bee bí'dí'nóol'ąąłígíí*sh ła' nee hólǫ́?

***meat**
Patty sprinkled salt on her *meat.*

atsį'—meat
Bę́ędii *atsį'* áshįįh yik'íiznil.

***medicine**
He gave me some *medicine* for my cough.

azee'—medicine
Diskosgo biniinaa dikos *azee'* ła' sheiníką́.

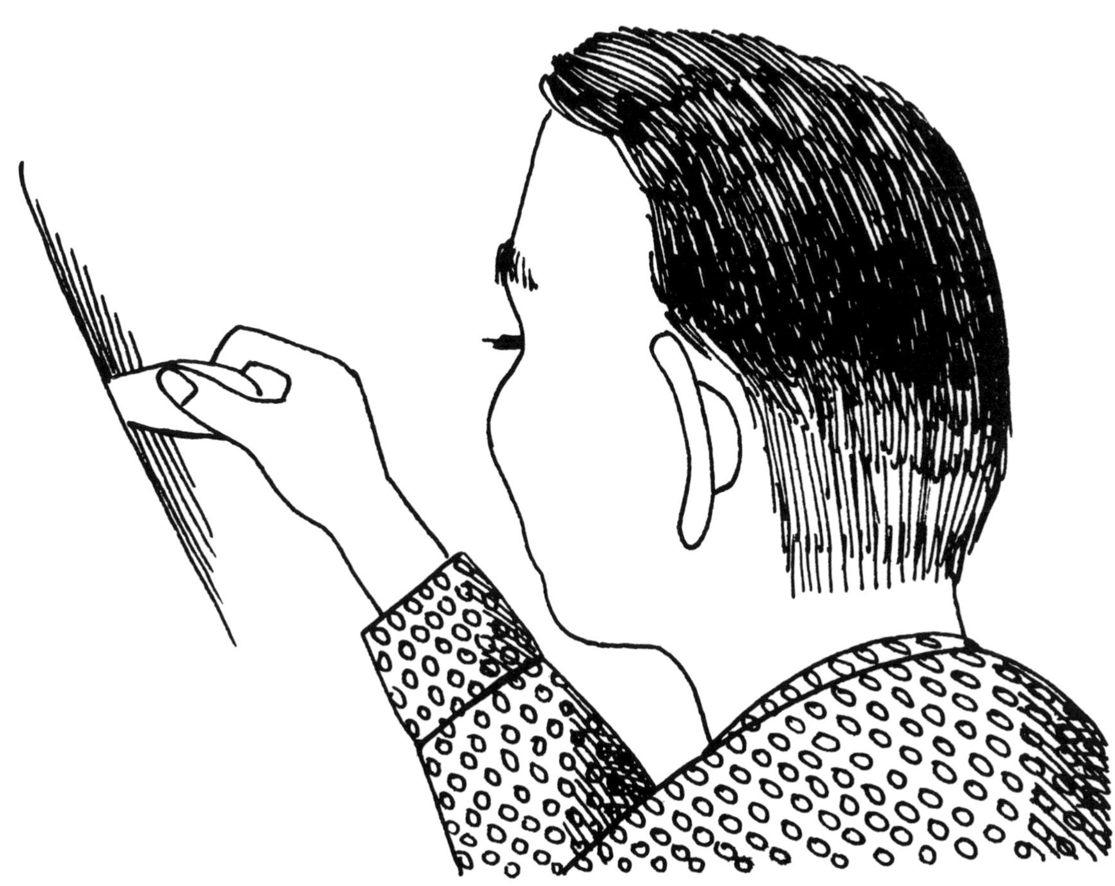

***mark**

Robert drew a *mark* on the rock.

English Word and English Sentence with the Word	Rough Translation of Navajo Word and Translation of English Sentence
***meet** I like to *meet* new people.	**béédahasį́įhgo**—when I get to know them Diné doo béédahasinígíí *béédahasį́įhgo* shił yá'át'ééh.
***melon** The *melon* is ripe now, so let us eat it.	**ta'neesk'ání**—melon *Ta'neesk'ání* neest'ą́, k'ad áko dadiidį́įł.
***melt** I will place the ice on the stove so it will *melt*.	**nídoolyįh**—it will melt Tin béésh bii' kǫ'í bikáá' dah deeshkááł áko tsį́įłgo *nídoolyįh*.
***men** Several *men* came to our house.	**hastóí**—older men Nihighandi *hasóí* ła yíkai.
***met** Have you *met* Sam yet?	**béíníyá**—you met him Séemísh *béíníyá?*
***metal** He is pounding *metal* to make a belt.	**béésh**—metal Sis íidoolííł biniyé *béésh* yitsxid.
***middle** The rock he threw landed in the *middle* of the lake.	**ałníi'jį'**—as far as the middle Tsé ayííłhan yę́ę tó dah siyį́ *ałníi'jį'* naalts'id.
***miles** I live five *miles* from here.	**tsinsitą́**—miles Kodóó ashdla' *tsinsitą́* ánízáád shighan.
***milk** Babies drink lots of *milk* and then they grow strong.	**abe'**—milk Awéé' *abe'* ayóo deidlą́ áádóó ayóo yee bich'į' dabitsxe'.
***mind** I had something on my *mind*.	**baa nitséskees ni'**—I was thinking about it Ha'át'íí shį́į éí *baa nitséskees ni'*.

***melon**
The *melon* is ripe now, so let us eat it.

English Word and English Sentence with the Word	Rough Translation of Navajo Word and Translation of English Sentence
***mine** Coal is dug out of a *mine.*	**łeeyi'dę́ę́'**—from inside the earth Łeejin éí *łeeyi'dę́ę́'* hadaagéééd.
***minutes** The egg will be cooked in two *minutes.*	**dah alzhin**—minutes Naaki *dah alzhin*jį' ayęęzhii ałtso doot'is.
***mirror** I need to brush my hair. Where is the *mirror?*	**bii' adéest'į́į́'**—mirror Sitsii' deeshoh nisin. Háadishą' *bii' adéest'į́į́'* ła' si'ą́?
***mistake** He made a *mistake,* but I corrected it.	**doo ákó'iilaa da**—he didn't do it correctly *Doo ákó'iilaa da* nít'éé' shí t'áá áko náshdlaa.
***moment** I will be there in a *moment.*	**hodíina'go**—in a moment *Hodíina'go* aadi deesháál.
***Monday** School starts on *Monday.*	**Damóo Biiskání**—Monday *Damóo Biiskání* i'íiníita'.
***money** I used my *money* to buy these boots.	**shibéeso**—my money Díí kénineezí ninááháshnihgo t'áá shí *shibéeso* chonáoosh'įįh.
***monkey** The *monkey* jumped from a branch and caught another branch.	**magí**—monkey *Magí* t'iis bits'áoz'a' bąąhdóó dah neeshjį́į́d dóó łahjį' yąąh dah nááneeshjį́į́d.
***months** There are twelve *months* in a year.	**náhidizíidgo**—there are months Naakits'áadah *náhidizíidgo* ninááháháah.

***mine**
Coal is dug out of a *mine*.

English Word and English Sentence with the Word	Rough Translation of Navajo Word and Translation of English Sentence
***moon** The *moon* looks like it's on the top of the mountain.	**tł'éhonaa'éí**—moon *Tł'éhonaa'éí* dził bikáá' dah si'ą́ nahalin.
***more** I want some *more*.	**ła' náánáá**—some more *Ła' náánáá* nisin.
***morning** Every *morning* I plan what I want to do.	**abíní**—morning T'áá ákwíí *abíní* baa nideeshaałígíí bininááhásh'aah.
***mosquito** A *mosquito* bites a lot.	**ts'í'ii danineezí**—mosquito *Ts'í'ii danineezí* ayóo adiłhash łeh.
***most** *Most* people eat too much.	**lą'í**—many *Lą'í* diné ayóo da'ayą́.
***mother** Stop shaking me, *Mother*, I didn't do it.	**shimá**—my mother T'áadoo shíghádí, *Shimá*, shí doo ásht'įį da.
***mountain** There is still some snow up on the *mountain*.	**dził**—mountain T'ah nidi hólǫ́ *dził* yas ła' bąąh.
***mouse** That is a *mouse*, not a rat.	**na'ats'ǫǫsí**—mouse Eii *na'ats'ǫǫsí* át'é, doo łé'étsoh át'ée da.
***mouth** Steve has some candy in his *mouth*.	**bizéé'**—his mouth Síid ałk'ésdisí ła' *bizéé'* si'ą́.
***movie** They say the *movie* is not interesting.	**na'alkidígíí**—the movie *Na'alkidígíí* doo bíhoneedlįį da daaní.

***moon**

The *moon* looks like it's on the top of the mountain.

English Word and English Sentence with the Word	**Rough Translation of Navajo Word and Translation of English Sentence**
***mud** Dirt mixed with water is *mud*.	**hashtł'ish**—mud Łeezh dóó tó ałtah ájiił'įįhgo áko *hashtł'ish* yileeh.
***muddy** The road was *muddy* after the rain.	**hashtł'ish hazlį́į́'**—there came to be mud Nahóółtą́ą́dóó bik'iji' atiingóó *hashtł'ish hazlį́į́'*.
***my** My *coat* is blue.	**shi**—my *Shi*'éétsoh dootł'izh.
***myself** I knew he would not help me, so I did everything *myself.*	**t'áá shí**—myself Doo shíká adoolwoł da nisingo biniinaa *t'áá shí* baa tįįh yíyá.

***my**
My coat is blue.

English Word and English Sentence with the Word	Rough Translation of Navajo Word and Translation of English Sentence

N n

nail The *nail* was bent, so he pulled it out.	**ił adaalkaałí**—nail *Ił'adaalkaałí* shizhahgo biniinaa t'óó hááyootą.
***name** His *name* is something like Goldtooth or Goldwater.	**bízhi'**—his name *Bízhi'* Béésh Biwoo'ii daashin, éí doodago Óolató daashin éí wolyéei'.
***nap** Her mother always takes a *nap* in the afternoon.	**ná'iilwosh**—she takes a nap Ałné'é'ááhdóó bik'ijį' bimá áłahjį' *ná'iilwosh*.
***napkin** My hands are covered with grease and I need another *napkin*.	**naaltsoos hála' bee daat'oodí**—napkin Shíla' ak'ah silį́į' dóó *naaltsoos hála' bee daat'oodí* ła' náánísdzin.
***narrow** The bridge is too *narrow* for our truck.	**áhoołts'óózyee'**—it is very narrow Na'nízhoozh *áhoołts'óózíee'* nihi chidítsoh bá ch'íhonít'i'.
***naughty** Quit being *naughty* and help me wash the dishes.	**né'édíláah**—you are being naughty T'áadoo *né'édíláhí* dóó łeets'aa' tánágisgi shíká anilyeed.
***near** Our house is *near* the junction.	**bííghahgi**—near it Ałts'áda'atiin *bííghahgi* nihighan si'ą́.
***nearly** His car *nearly* hit mine.	**k'asdą́ą́'**—nearly Bichidí *k'asdą́ą́'* shíhígíí yídeezgoh.
***neck** The top of your head only reaches up to my *neck*.	**shik'osígi**—at the level of my neck Ahąąh siidzį́įgo nitsiit'áád t'áá *shik'osígi* nineel'ą́.

***nap**
Her mother always takes a *nap* in the afternoon.

English Word and English Sentence with the Word	Rough Translation of Navajo Word and Translation of English Sentence
***necktie** Jerry was wearing a striped *necktie*.	**zéédéełdoi**—necktie Jéewii *zéédéełdoi* noodǫ́ǫz léi' bizéédéet'i'.
***needle** She poked the *needle* through the cloth and started sewing on a button.	**tsah**—needle *Tsah* naak'ą'at'ą́hí yaa ayíítsih dóó ił dah nát'áhí yíidiiłkad.
***neighbors** Yes, I know the Tsinajinnies, they are my *neighbors*.	**na'ąąjígo dabighan**—they live next to us Aoo', Tsi'naajinii béédahasin, *na'ąąjígo dabighan*.
***nest** An egg was lying in the *nest*.	**bit'oh**—its nest Tsídii biyęęzhii *bit'oh* bii' si'ą́ą́ nít'éé'.
***never** I have *never* been to Phoenix.	**t'ah doo**—never before *T'ah doo* Ahééhéshįį́hgóó hoostséeh da.
***new** He gave Kathy a *new* radio.	**ániidí**—new Níłch'i halne'é *ániidí* léi' kéhii yeiní'ą.
***news** The *news* on the television made me feel bad, so I turned it off. (níłch'inaalkidi = TV)	**hane'**—accounts Níłch'i halne'í biyi' *hane'* haashįį́ shiilaa áko t'óó anéigiz.
***newspaper** Stella used a *newspaper* to start the fire.	**aseezį́ naaltsoos**—newspaper Dálaa *aseezį́ naaltsoos* bee didíłjeeh.
***next** The *next* man who walked in was Navajo.	**yah anáánáádzáhígíí**—the one who walked in next Hastįį *yah anáánáádzáhígíí* éí Naabeehó át'é.

***nest**
An egg was lying in the *nest*.

English Word and English Sentence with the Word	Rough Translation of Navajo Word and Translation of English Sentence
***nice** That is *nice,* and what else is new?	**nizhóní**—nice Jó *nizhóní,* áko ha'át'íí dó' baa náádahane'?
***nickel** Five cents are worth a *nickel.*	**łitso**—a nickel Ashdla' łichíí' éí *łitso* bąąh ílį́.
***night** When it gets to be *night* there will be a full moon.	**tł'éé'**—night Díí *tł'éé'* éí tł'éhonaa'éí hanibąąs.
***nine** In one year I will be *nine* years old.	**náhást'éí**—nine T'ááłá'í nááhaigo *náhást'éí* shinááhai doo.
***no** *No,* do not stand up yet.	**dooda**—no *Dooda,* woózį́įh lágo.
***nobody** *Nobody* knows what will happen next year.	**t'áadoo bił bééhózíní da**—nobody knows Kónáhoot'éhí áhodooníłígíí *t'áadoo bił bééhózíní da.*
***noise** The children made a lot of *noise* when they saw his car drive up.	**hahodííłdláád**—they made a racket Bichidí kojį' niilwodgo Áłchíní yázhí *hahodííłdláád* .
***none** All the apples were eaten. There were *none* left.	**t'áadoo ła' ch'éédzíí' da**—none were left Bilasáanaa ałtso dayííyą́ą' lá. *T'áadoo ła' ch'éédzíí' da.*
***noon** The sun is directly above us, so it must be *noon.*	**ałní'ní'ą**—it is noon Jį́honaa'éí nihikáa'gi dah si'ą́, áko *ałní'ní'ą́ą́* lá.
***north** The wind is coming from the *north.*	**náhookǫs**—north *Náhookǫsdę́ę́'go* níyol.

***noon**

The sun is directly above us, so it must be *noon*.

English Word and English Sentence with the Word	Rough Translation of Navajo Word and Translation of English Sentence
***nose** I breathe through my *nose.*	**shíchį́į́hdę́ę́’**—from my nose *Shíchį́į́hdę́ę́’* bee nídísdzih.
***not** Do *not* touch the wet paint.	**t’áadoo bídíílnihí**—do not touch it Kin bee yidleeshí *t’áadoo bídíílnihí* t’ahdii ditłéé’.
***nothing** She has almost *nothing,* but she is happy.	**bee ádin**—she has nothing T’áadoo le’é *bee ádin* nidi bił hózhǫ́.
***November** Thanksgiving Day comes in *November.*	**Níłch’its’ósí**—November Késhmish Yázhí éí *Níłch’its’ósí* biyi’ ná’ádleeh.
***now** Do it *now,* not later.	**k’ad**—now *K’ad* áníné éh, hodíina’go éí dooda.
***nurse** The *nurse* gave me a shot.	**azee’ neikáhí**—nurse *Azee’ neikáhí* shaa i’íítsi.
***nuts** I shook the branch and lots of *nuts* fell down.	**neeshch’íí’**—pinon nuts Tsin bi’iil yígháád dóó *neeshch’íí’* t’óó ahayóí nááłdááz.

***now**
Do it *now*, not later.

English Word and English Sentence with the Word	Rough Translation of Navajo Word and Translation of English Sentence

O o

***oak**
The old *oak* tree was chopped down.

chéch'il—oak
Chéch'il sání yę́ę k'élne' lá.

***oatmeal**
I and my cat like to eat *oatmeal*.

taaskaal—oatmeal
Shí dóó shimósí *taaskaal* yiidą́ągo nihił yá'át'ééh.

***obey**
I won't *obey* him because he doesn't know what he is talking about.

bik'eh honish'į́—I obey him
Yaa yáłti'ígíí doo bił bééhózingóó biniinaa doo *bik'eh honish'į́* da.

***ocean**
The water in the *ocean* is very salty.

tóniteel—ocean
Tó *tóniteel* biyi'ígíí ayóo dík'ǫ́ǫ́zh.

***o'clock**
The time is three *o'clock*.

azlį́į́'—o'clock
Oolkiłígíí Táa'di *azlį́į́'*.

***October**
My father went deer hunting last *October.*

Ghąąjį'—October
Áłtsé *Ghąąjį'* yę́ędą́ą' Shizhé'é bįįh yíká naashzhee'.

***off**
Turn *off* the radio.

anánígéés—turn it off
Níłch'i halne'í *anánígéés.*

***often**
Lucy *often* goes to town on Saturday.

áłahjį'—quite often
Damóo Yázhígo Lósii *áłahjį'* kin shijaa'góó ałnánádááh.

***oh**
Oh! I saw a snake!

yíiyá—oh
Yíiyá! Tł'iish léi' yiiłtsą́.

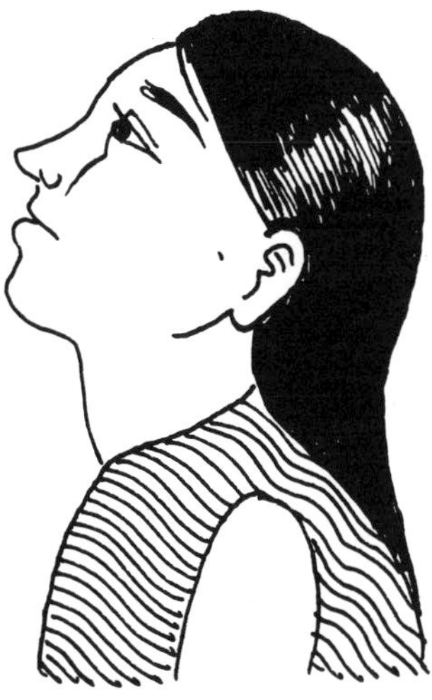

***o'clock**
The time is three *o'clock*.

English Word and English Sentence with the Word	Rough Translation of Navajo Word and Translation of English Sentence
***oil** *Oil* comes from under the ground.	**ak'ah łizhiní**—motor oil *Ak'ah łizhiní* łeeyi'dę́ę́' háálį́.
***old** Even though he is getting *old,* he still likes to work hard.	**bi'niitih**—he is getting old *Bi'niitih* nidi ayóo naalnishgo t'ah bił yá'át'ééh.
***on** The puppy slept *on* the rug.	**yikáá'**—on it Łééchąą yázhí yaateeł *yikáá'* biiską́.
***once** There *once* was a chief named Narbona.	**ałk'idą́ą́'**—in the old days *Ałk'idą́ą́'* naat'áanii ła' Naabaahí wolyéé nít'éé'.
***one** *One* apple is left.	**t'ááłá'í**—one *T'ááłá'í* bilasáana ch'éédzíí'.
***one hundred** I won't pay *one hundred* dollars for that chair, it's not worth that much.	**t'ááłáhídi neeznádiin**—one hundred Éí bik'idah'asdáhí *t'ááłáhídi neeznádiin* béeso doo bik'é nideeshłéeł da háálá doo ákohgo bą́ąh ílį́į da.
***onion** He sliced the *onion* and tears rolled down his cheeks.	**tł'ohchin**—onion *Tł'ohchin* niyiishgizh nít'éé' biniitsį' bąąh binák'eeshto' dadeezna'.
***only** That's the *only* shirt he has.	**t'éiyá**—only Ts'ídá t'áá éí *t'éiyá* éé'dejį'ígíí neiyéé nít'éé'.
***open** If the door is *open,* just walk in.	**ąą'át'éego**—if it is open Dáádílkał *ąą'át'éego* t'óó yah adíínááł.

***old**

Even though he is getting *old*, he still likes to work hard.

English Word and English Sentence with the Word	**Rough Translation of Navajo Word and Translation of English Sentence**
***or** Jim will probably eat a peach *or* an apple.	**éí doodago**—or Jim didzétsoh daats'í, *éí doodago* bilasáana daats'í yidooyį́į́ł.
***orange** He spilled *orange* juice on his orange shirt.	**ch'iłitsxooí**—orange *Ch'iłitsxooí* bitoo' bi'éé'dejį' łitsxo yę́ę yik'i yayiinil.
***other** My *other* brother is going to school.	**ła'ígíí**—other Shínaaí *ła'ígíí* wódahgo ólta'ígóó deeyá.
***ouch** *Ouch!* Get off my toe!	**ayáhíyee' éii**—ouch *Ayáhíyee' éii!* Shikétsoh t'áadoo bik'i díníl'eezí!
***our** *Our* teacher is a man.	**báda'íiníilta'ígíí**—our teacher *Báda'íiníilta'ígíí* hastįį át'é.
***ours** This land is *ours.*	**nihí nihikéyah**—it is our land Díí *nihí nihikéyah.*
***ourselves** My brother and I went away and we played by *ourselves.*	**t'áá sáhí neii'néé nít'éé'**—we played alone Shí dóó shitsilí bił yóó' ahi'niilchą́ą́' dóó *t'áá sáhí neii'néé nít'éé'.*
***out** I went *out* to feed the chickens.	**tł'óó'góó**—toward the outside Naa'ahóóhai ba'deestsoł biniyé *tł'óó'góó* ch'íníyá.

***ourselves**
My brother and I went away and we played by *ourselves.*

English Word and English Sentence with the Word	Rough Translation of Navajo Word and Translation of English Sentence

P p

***paint**
His daughter tripped over the can of *paint* and spilled the paint all over.

kin bee yidleeshí—paint
Bitsi' yadiizíní *kin bee yidleeshí* bee sikánę́ę yik'ą́ąh dooltáalgo yayiiką́.

***pair**
There is a *pair* of shoes on the chair.

silá—there is a pair
Bik'idah'asdáhí bikáa'gi ké léi' *silá*.

***pajamas**
Alan put on his *pajamas* and went to bed.

bee anitéhí—pajamas
Élin *bee anitéhí* yiih yíyá áádóó tsásk'eh yiih yi'na'.

***pan**
The fried chicken is in the *pan*.

bee at'eesí—pan
Naa'ahóóhai *bee at'eesí* biyi' daat'ees.

***pancake**
He spread jelly on his *pancake* and then he gobbled it up.

abe' bee neezmasí—pancake
Jélii *abe' bee neezmasí* yíízt łéé' áádóó ayíílna'.

***pant**
When it is hot, dogs usually *pant*.

bitsoo' háát'i'—it is panting
Ayóo deesdoigo łééchąą'í *bitsoo' háát'i'* łeh.

***pants**
Debby climbed through the barbed wire fence, but tore her *pants*.

bitł'aajį'éé'—her pants
Débii anít'i' da'dishahígíí yináká'na', áko nidi *bitł'aajį'éé'* ayíízǫ́ǫz.

***paper**
Paper is made from wood.

naaltsoos—paper
Naaltsoos tsin bits'ą́ądóó ádaal'į́.

***parade**
I sat on my father's shoulders and I watched the *parade*.

ahéé'é'ná—there is a parade
Shizhé'é biwosdóó dah sédáago shináál *ahéé'é'ná*.

***parade**
I sat on my father's shoulders and watched the *parade*.

English Word and English Sentence with the Word	Rough Translation of Navajo Word and Translation of English Sentence
***park** The children planted trees in the *park*.	**hootso**—green area Áłchíní *hootso* bikáa'gi t'iis k'ideideezla'.
***part** Mary gave John *part* of her banana.	**łahjį'**—part of it Méewii hashk'ąą *łahjį'* Jáan ya'dííti'.
***pass** *Pass* by this house and let me off over there.	**bilááh nił o'ólyeed**—drive past it Díí kin *bilááh nił o'ólyeed* dóó níléidi ádashidíiłt'eeł.
***past** It is *past* your bedtime.	**bilá'ooskid**—it is past the time Na'iilwosh yę́ę *bilá'ooskid*.
***paste** Flour and water mixed can make *paste*.	**dijéé' yileeh**—it becomes pasty Ak'áán dóó tó ałtah ájiił'įįhgo *dijéé' yileeh*.
***pasture** A *pasture* is a grassy field where animals can feed.	**ch'íhootso**—pasture *Ch'íhootso* t'óó ahayóí tł'oh yíl'áago áhoolyé ákǫ́ǫ́ naaldlooshii nida'ałchozh łeh.
***patch** There is a *patch* on his pants.	**bina'deet'ą́**—there is a patch on it Bitł'aajį'éé' *bina'deet'ą́*.
***paw** My cat got its *paw* all sticky when it stepped into the jelly.	**bikee'**—its paw Shimósí jélii yiih dooltáalgo *bikee'* ałtso dijéé' silį́į́'.
***peach** My cousin ate the *peach* and spat out the pit.	**dzidétsoh**—peach Sizeedí *dzidétsoh* yiyííyą́ą́' áádóó bik'ǫ́ǫ́' haidíízo'.

***patch**
There is a *patch* on his pants.

English Word and English Sentence with the Word	Rough Translation of Navajo Word and Translation of English Sentence
***peanuts** I fed *peanuts* to the monkeys.	**neeshch'íílbáhí**—peanut Magí *neeshch'íílbáhí* ła' ba'níltsood.
***pear** Sarah dropped the *pear* into my soup and it splashed.	**bitsee' hólóní**—pear Séewa *bitsee' hólóní* atoo' sits'ą́ą́' yiih yiyíílne'go atoo' ła' shik'ésdááz.
***peck** Chickens *peck* the ground for bugs to eat.	**nida'ałtązh**—they peck Tsídii ni'góó ch'osh biniyé *nida'ałtązh*.
***peel** You have to *peel* a banana to eat it.	**bídzízǫ́ǫsgo**—one peels it Hashk'ąą *bídzízǫ́ǫsgo* índa jiyį́į́h.
***pencil** He wrote his name in the book with a chacoal *pencil*.	**t'eesh**—chacoal pencil Naaltsoos biyi' bízhi' áyiilaa *t'eesh* bee.
***penny** She has one *penny* in her right pocket and one in her left pocket, so she has two pennies.	**sindáo**—penny T'áálá'í *sindáo* nish'náájígo ła' biza'azis si'ą́, nishtł'ajígo ałdó' ła' biza'azis si'ą́, áko naaki sindáo bee hólǫ́.
***people** There are several *people* waiting in line.	**diné**—people *Diné* díkwííshį́į́ ałkéé' nít'i'.
***person** One *person* has to stay at home to watch over things.	**t'áálá'í hooghandi soohdáa doo**—one of you has to stay home *T'áálá'í hooghandi* t'áadoo le'é baa áhólyą́ągo *soohdáa doo*.
***pet** His *pet* mouse ran down his neck.	**bilį́į'go**—his pet Na'asts'ǫǫs *bilį́į'go* bik'os yąąh adaalwod.

***peel**
You have to *peel* a banana to eat it.

English Word and English Sentence with the Word	Rough Translation of Navajo Word and Translation of English Sentence
***petal** My mother picked a *petal* off the flower, dropped it, and watched it spin to the ground.	**ch'ilátah hózhóón łahjį'**—part of the flower Shimá *ch'ilátah hózhóón łahjį'* yiidíinizh, nayíiłne' dóó yinéł'į́įgo nídooltąsgo ni'jį' adaat'a'.
***pick** He used a *pick* to break the rock.	**ałts'ą́ą́'deeníní**—pick *Ałts'ą́ą́'deeníní* yee tsé yists'il.
***picnic** Our class went on a *picnic*.	**tł'óó' da'adánígóó**—to eat outside Bił da'íínishta'ígíí *tł'óó' da'adánígóó* eekai.
***picture** She hung a *picture* of me on the wall.	**naaltsoos she'elyaa**—a picture of me *Naaltsoos she'elyaa* yę́ę wóniidi dah yistsooz.
***pie** Anglos usually eat *pie* last.	**masdéél**—pie Bilagáana *masdéél* akéedi nideidį́įh łeh.
***piece** His grandfather cut the rope and left a *piece* of it on the ground.	**áłts'íísígo nideeztąądgo áyiilaa**—he left a little bit of it on the ground Bicheii tł'óół k'íinígizh áádóó ni'góó *áłts'íísígo nideeztąądgo áyiilaa*.
***pig** The *pig* was loose and ran across the road.	**bisóodi**—pig *Bisóodi* ch'élwod dóó atiin ha'naa eelwod.
***pile** There is a *pile* of dirt on the side of the road.	**yanáalk'id**—there is a pile of it Atiin bąąhjígo łeezh *yanáalk'id*.
***pillow** That boy threw a *pillow* at me.	**tsii'ááł**—pillow Eí ashkii *tsii'ááł* yee shíínii'ah.

***piece**
His grandfather cut the rope and left a *piece* of it on the ground.

English Word and English Sentence with the Word

Rough Translation of Navajo Word and Translation of English Sentence

***pin**
The *pin* held my shirt together after the button fell off.

ił dah nátįhí—pin
Ił dah nátįhí shi'éé'dejį'ígíí ałch'į' yótą' nít'éé' ił dah nát'áhí ni'diilts'idgo.

***pine**
Do you see that *pine* tree over there? My house is behind it.

nídíshchíí'—pine tree
Níléí *nídíshchíí'* ísh yíní'į? Bine'jígo shighan si'ą́.

***pink**
Red and white mixed make *pink*.

dinilchíí'—pink
Łichíí' dóó łigai ałtah ájiił'įįhgo *dinilchíí'* yileeh.

***pipe**
The old man sat on the chair and smoked his *pipe*.

nátostse'—pipe
Hastįį sání bik'idah'asdáhí yikáá' dah sidáago *nát'ostse'* néiłt'oh.

***place**
Put the spoons back in their *place*.

t'áá sinilę́ęgi—where they were neatly in place
Béésh adee' *t'áá sinilę́ęgi* ninání'níił.

***plan**
His *plan* is to climb that tree and hide in it.

yee nihoní'ánéegi át'éego—the way he planned it
Yee nihoní'ánéegi át'éego t'iis yąąh haas'na' dóó yiyi' nídéest'įį'.

***plane**
The *plane* landed at the airport.

chidí naat'a'í—plane
Chidí naat'a'í nánídaahą́ągi *chidí naat'a'í* neezdá.

***plant**
Sam forgot to water the *plant*.

ch'il—plant
Séem *ch'il* tó yił ninéíkáhą́ą yaa yooznah lá.

***plate**
Mother glued the *plate* back together.

łeets'aa'—plate
Shimá *łeets'aa'* ahínéidiiłjéé'.

***place**
Put the spoons back in their *place*.

English Word and English Sentence with the Word	Rough Translation of Navajo Word and Translation of English Sentence
***player** The basketball *player* was very tall.	**yee naanéhígíí**—the one playing it Jooł nihídílniihgo *yee naanéhígíí* ayóó áníłnéez.
***pleasant** When the weather is not very cold or hot, we say it is *pleasant*.	**hózhóní**—pleasant conditions Tł'óó'góó ałtah ánáhoo'níłígíí doo deesk'aazgóó dóó doo deesdoigóó éí *hózhóní* dabidii'ní.
***please** *Please* help me drag this box.	**t'áá shǫǫdí**—please, I'm begging you *T'áá shǫǫdí* shíká anilyeed díí tsits'aa' dah didiilzhoł.
***plenty** Don't worry, we have *plenty* of food.	**t'óó ahayóí**—plenty of it T'áadoo baa níni'í ch'iyáán *t'óó ahayóí* nihee hólǫ́.
***plow** He bought a *plow* and plans to do a lot of planting this summer.	**bee nihwiildlaadí**—plow *Bee nihwiildlaadí* nayiisnii' dóó díízhíní lą'ígo k'idi'deeshłééł níigo yee nihoní'ą́.
***pocket** I keep my marbles in my *pocket*.	**shiza'azis**—my pocket Máazo *shiza'azis* góne' shijaa' łeh.
***point** The rock comes to a *point* and then there is a hill behind it.	**deez'á**—it come to a point Tsé *deez'á* áádóó yíwohjį' ła' deesk'id.
***pole** I climbed the *pole* and attached a wire to the top.	**tsin yaa'áhígíí**—post sticking into the ground *Tsin yaa'áhígíí* bąąh hasis'na' dóó bilátahdi béésh áłts'ózí biniséłt'i'.

***player**

The basketball *player* was very tall.

English Word and English Sentence with the Word	Rough Translation of Navajo Word and Translation of English Sentence
***policeman** The *policeman* looked all around, but he did not find anything.	**siláo**—policeman *Siláo* nahgóó naazghal, áko nidi t'áadoo yiyiiłtsání da.
***pond** The *pond* is not deep enough to swim in.	**tó dah siyínígíí**—standing water *Tó* áłts'íísígo *dah siyínígíí* doo ditą́ą da dóó bii' nijiłkǫ́ǫ'go doo bíighah da.
***pony** The little girl rode the *pony* through some tall grass.	**łį́į' ádaałts'ísígíí**—pony At'ééd yázhí *łį́į' ádaałts'ísígíí* tł'oh danineez léi' bitah tábidííyį.
***poor** Daniel is *poor* and he has nothing to eat.	**bahajooba'íyee'**—he is in pitiful condition Déeniyol t'óó *bahajooba'íyee'* dóó yidooyį́įłii bee ádin.
***post** The fence *post* is broken.	**anít'i' bijáád**—fence post *Anít'i' bijáád* k'é'éltǫ'.
***pot** The corn was boiling in a big *pot*.	**ásaatsoh**—pot *Ásaatsoh* biyi' naadą́ą' yibéézh nít'éé'.
***potatoes** Uncle Willy pulled several *potatoes* out of the ground and he cooked them for supper.	**nímasii**—potatoes Shidá'í Wílii *nímasii* łeeyi'dę́ę' hayiiznil áádóó ła' hííłch'į'go dadiidį́įł biniyé yishbéézh.
***powder** The doctor gave me a *powder* to rub on my face.	**azee' dadibahígíí**—powdered medicine Azee'ííł'íní *azee' dadibahígíí* ła' shinii' bínáshjih doo biniyé sheiníjaa'.
***prayer** My grandfather said a *prayer* for me.	**sodoolzin**—he said a prayer Shicheii shá *sodoolzin*.

***post**
The fence *post* is broken.

English Word and English Sentence with the Word	Rough Translation of Navajo Word and Translation of English Sentence
***president** We all voted for him, and now he is our *president.*	**ałą́ąjį' dah sidáhí**—president T'áá ánííltso bá ada'ayee'nil, áko k'ad éí *ałą́ąjį' dah sidáhí* silįį́'.
***pretend** We *pretend* to be asleep to fool our parents.	**t'óó ádeiit'įįgo**—we just pretend Nihimá dóó nihizhé'é binida'iidlo'go *t'óó ádeiit'įįgo* da'iilwosh łeh.
***pretty** She had her *pretty* dress all dirty.	**nizhóní**—pretty Bi'éé' *nizhóní* yę́ę ałtso t'óó baa'ih áyiilaa.
***price** What is the *price* of this clock?	**díkwíí bą́ąh ílį́**—what is the price Díí ná'oolkiłí shą' *díkwíí bą́ąh ílį́?*
***prize** My steer won first *prize* at the fair.	**ałą́ąjį' honeesná**—it won first prize Naa'ahóóhai nitsaa ná'ádleehídi shibéégashii *ałą́ąjį' honeesná.*
***promise** If you *promise* to help me tomorrow I will pay you in advance.	**aoo' shidííníniidgo**—if you say yes to me Yiską́ągo *aoo'* dóó níká adeeshwoł *shidííníniidgo* t'ah bitséedi nich'į' ni'deeshłééł.
***protect** *Protect* me from that dog.	**shaa áhólyą́ bits'ąą**—protect me from it Eii łééchąą'í *bits'ąą shaa áhólyą́.*
***proud** Everyone is *proud* of him for the way he makes a speech.	**baa dahaniih**—they are proud of him Yáłti'ígíí biniinaa t'áá ałtso *baa dahaniih.*

***puff**
A *puff* of smoke came from the chimney.

English Word and English Sentence with the Word	Rough Translation of Navajo Word and Translation of English Sentence
***pudding** We made blue corn *pudding* for the pot-luck.	**tanaashgiizh**—blue corn pudding Ch'iyą́ą́ ahidahidiikaahígíí biniyé *tanaashgiizh* ádeiilyaa.
***puff** A *puff* of smoke came from the chimney.	**łid ha'iijooł**—the smoke puffed Ch'íláyi'dę́ę́' *łid ha'iijooł.*
***pull** *Pull* my car out of the wash.	**háánídzį́į́s**—pull it out Chidí bikoohdę́ę́' shá *háánídzį́į́s.*
***pumpkin** My older sister cut a face shape into the *pumpkin.*	**naayízí**—pumpkin Shádí *naayízí* hayiiłgéeshgo binii' yá áyiilaa.
***puppy** Let's feed the *puppy* some of this hamburger.	**łéécháą yázhí**—puppy *Łééchąą yázhí* díí atsį' yik'ání ła' ba'da'diiltsoł.
***purple** The cowboy's shirt was *purple.*	**tsídídééh**—purple Akałii bidejį'éé' *tsídídéeh*go naashch'ąą'.
***purse** My *purse* strap broke.	**shibéeso bizis**—my purse *Shibéeso bizis* bee naadlo'í k'ínídláád.
***push** We will *push* the car into the garage.	**yah abídiigił**—we will push it in Chidí bighan góne' *yah abídiigił.*
***put** I *put* the books on the shelf.	**dah sénil**—I put them up there Tsiniheeshjíí' ná'áhígíí bikáá' naaltsoos *dah sénil.*

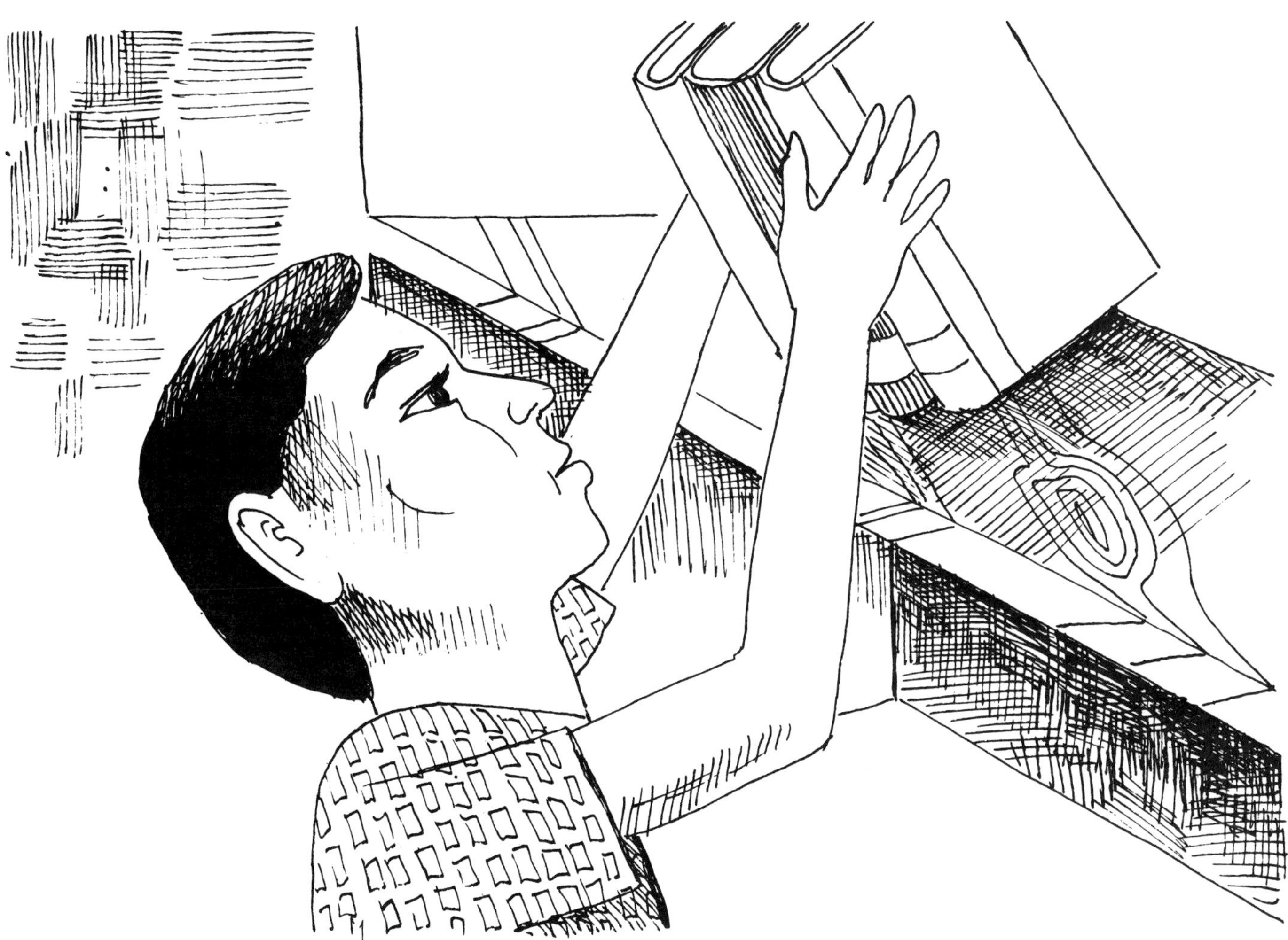

***put**
I *put* the books on the shelf.

English Word and English Sentence with the Word	Rough Translation of Navajo Word and Translation of English Sentence

Q q

***quarrel**
We always have a *quarrel* when we talk about money.

ałch'į' niháháchįįh—we quarrel with each other
Béeso baa yéiilti'go t'áá áko *ałch'į' niháháchįįh.*

***quarter**
If you lend me a *quarter* now, I will return it tomorrow.

naakiyáál—a quarter
Naakiyáál k'ad sha'íiní'ą́ągo yiskąąago naa nídeesht'ááł.

***question**
Marilyn asked some sort of *question*, but no one heard her.

na'ídéétkid—she asked a question
Méelin daashį́į́ yit'éego *na'ídéétkid*, áko nidi t'áadoo bidiizts'ą́'í da.

***quick**
The rabbit was *quick* and escaped before I could throw something at it.

doo nidilna' da—it was quick
Gah *doo nidilna' da* dóó t'ah doo t'áadoo le'é bee yíníishne'góó yóó' eelwod.

***quiet**
He woke up in the middle of the night and everything was *quiet*.

doo íits'a'í da—there wasn't a sound
Tł'éé' íítníi'go nídii'na' dóó *doo íits'a'í da.*

***quietly**
Walk quietly so you do not wake up the baby.

hazhóó'ógo—extra carefully
Hazhóó'ógo yínááł áko awéé' doo ch'ééдíísił da.

***quit**
The job was too hard for me so I *quit*.

bits'á níyá—I left it
Naanish t'óó báhádzidgo shá nanitł'a áko t'óó *bits'á níyá.*

***quite**
That meat is *quite* tough.

ayóo—quite
Atsį' *ayóo* dits'id.

***quiver**
He had a *quiver* filled with arrows on his back.

k'aayééł—quiver
K'aayééł k'aa' bii' hadeezbingo bine'dę́ę́' dah siyį́.

***quiver**

He had a *quiver* filled with arrows on his back.

English Word and English Sentence with the Word	Rough Translation of Navajo Word and Translation of English Sentence

R r

***rabbit**
The *rabbit* was tame, so I pet it.

gah—rabbit
Gah yízhǫǫd lá, áko bidinishchid.

***raccoon**
A *raccoon* ran into my garden and ate some of my corn.

tábąąh ma'ii—raccoon
Tábąąh ma'ii shidá'ák'eh yázhí yiih yilwod áádóó naadą́ą́' sits'ą́ą́' yiyííyą́ą́'.

***race**
He was ahead of me, but then I caught up with him and won the *race*.

baa honéłná—I defeated him
Sitsiji̧' yilwoł nít'éé' áádóó bíníshwod dóó *baa honéłná*.

***radio**
My mother usually sits and listens to the *radio* in the afternoon.

níłch'i halne'í—radio
Ałné'é'-ááhdóó bik'iji̧' shimá sidáago *níłch'i halne'í* yiyíísts'ą́ą' łeh.

***rag**
Tie this red *rag* to the log.

anilí—rag
Díí *anilí* łichí'ígíí nástáán bee be'étł'ó.

***railroad**
My brother is working at the *railroad*.

béésh nít'i'—railroad
Shínaaí *béésh nít'i'* yąąh naalnish.

***rain**
Tony was caught in the *rain*, and he was soaked.

aho'niiłtą́—it started raining
Tónii t'áadoo hooyání bik'i *aho'niiłtą́* dóó ałtso nástłéé'.

***rainbow**
His shirt is striped with the colors of the *rainbow*.

nááts'íilid—rainbow
Bi'éé deji̧'ígíí *nááts'íilid* naashch'ąą'ígi át'éego noodǫ́ǫ́z.

***raise**
I will *raise* the flag this morning at school.

dah deeshxééł—I will raise it
Abínígo ólta'di dah naat'a'í *dah deeshxééł*.

***race**
He was ahead of me, but then I caught up with him and won the *race*.

English Word and English Sentence with the Word	Rough Translation of Navajo Word and Translation of English Sentence
***rake** She reached the roof with a *rake* and got her ball down.	**bee náhwiidzídí**—rake *Bee náhwiidzídí* kin yikáá' haiz tsih dóó bijooł adayíná'íił tsih.
***rat** The *rat* was almost as big as a cat.	**łé'étsoh**—rat *Łé'étsoh* k'asdą́ą́' mósígi áníldííl.
***rattlesnake** The *rattlesnake* slid down the rock.	**tł'iish ánínígíí**—rattlesnake *Tł'iish ánínígíí* tsé yąąh naalnóód.
***raw** This *meat* is raw, cook it some more.	**t'áát'ééh**—raw Díí atsį' t'ahdii *t'áát'ééh,* náánítt'ees.
***razor** His face is hairy because he does not use a *razor.*	**dághá bee yilzhéhí**—razor *Dághá bee yilzhéhí* doo choyooł'į́įgóó biniinaa binii' ayóo di'il.
***read** *Read* that story to me.	**yíníłta'**—read it Éí hane' shich'į' *yíníłta'*.
***ready** I'm *ready* to go.	**hasht'e' ádiishyaa**—I have gotten ready *Hasht'e' ádiishyaa.*
***real** This is a *real* plant, not one made of plastic.	**t'áá aaníí**—really Díí *t'áá aaníí* ch'il át'é, doo t'óó be'elyaaígíí át'ee da.
***reason** Ask him what his *reasons* were.	**shíí biniinaanígíí**—the reason Ha'át'íí *biniinaanígíí* bínabidíłkid.

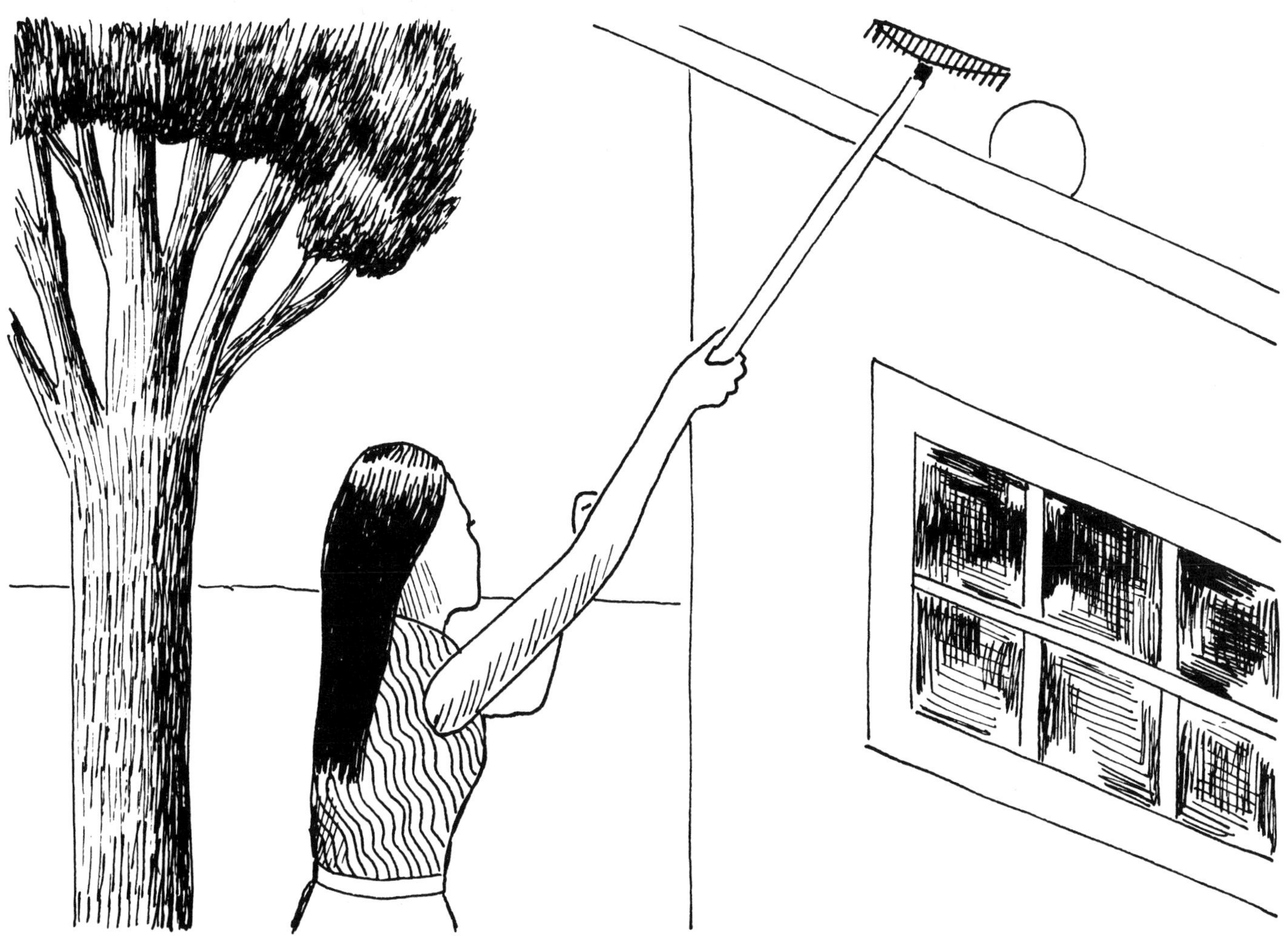

***rake**

She reached the roof with a *rake* and got her ball down.

English Word and English Sentence with the Word	Rough Translation of Navajo Word and Translation of English Sentence
***red** Richard painted the door bright *red.*	**łichíí'**—red Wíchid dáádílkał t'óó báhádzidgo *łichíí'*go néízhdléézh.
***remain** He told me to *remain* here.	**t'áá akǫ́ǫ́ sínídá**—stay here *T'áá akǫ́ǫ́ sínídáa* doo shidíiniid.
***remember** *Remember* to wind the clock.	**béénílniih**—remember it *Béénílniih* ná'oolkiłí nídíígis.
***rest** He threw the *rest* of the nails away.	**łahjį' yidziihígíí**—the part that remained *Łahjį'* il adaalkaałí *yidziihí gíí* yóó' ayiistł'íid.
***rib** Hey, there's no meat on this *rib,* give me another one.	**átsą́ą́'**—rib Shóó, díí *átsą́ą́'* atsį' bąąh ádin, ła' shaa náánítįįh.
***ribbon** The little girl has a yellow *ribbon* in her hair.	**lashdóón**—ribbon At'ééd yázhí *lashdóón* łitso léi' bitsii' bee be'estł'ǫ́.
***rice** The Chinese eat lots of *rice.*	**alóós**—rice Náá'ádaałts'ózí *alóós* ayóo deiyą́.
***rich** Your uncle is *rich,* but foolish.	**at'į́**—he is rich Nidá'í ayóo *at'į́*, áko nidi t'óó diigis
***ride** Can you *ride* a horse?	**naniyéeh łeh**—you go on horseback. *Łį́į́'* ísh bikáá' dah sínídáago *naniyéeh łeh*?
***ridden** Yes, I have *ridden* a horse before.	**łį́į́' táshidííyį́**—I rode a horse around Aoo', *łį́į́'* ła' t'áá *táshidííyį́*.

***ribbon**
The little girl has a yellow *ribbon* in her hair.

English Word and English Sentence with the Word	Rough Translation of Navajo Word and Translation of English Sentence
***riding** I went horse *riding* this afternoon	**łį́į́' táshidíiyį́**—I rode a horse around Ałní'ní'ą́ądóó bik'ijį' *łį́į́' táshidíiyį́.*
***right** The sailor has a picture of a butterfly on his *right* arm.	**nish'náájígo**—right Hastįį na'ał'eełí jílínígíí bigaan *nish'náájígo* k'aalógii bikáá' naashch'ąą'.
***ring** Here, I made this *ring* for you.	**yoostsah**—ring Na', díí *yoostsah* ná áshłaa.
***ripe** The corn is *ripe,* so let's go pick them.	**daneest'ą́**—they are ripe Naadą́ą́' *daneest'ą́*, tį' nídahi diidlah.
***rise** Jack watched the moon *rise* last night.	**haagháahgo**—as it is rising Tł'éé'dą́ą́' ję́ę' ooljéé' *haagháahgo* yinéł'į́į́ nít'éé'.
***river** Johnny went down to the *river* to fish.	**tó nílínígóó**—toward flowing water Jánii łóó' haidiyooloh biniyé *tó nílínígóó* íiyá.
***road** There are lots of bumps on this *road.*	**atiin**—road Díí *atiin* bikáá' t'óó ahayóigo dah nídaask'id.
***roar** We heard the mountain lion *roar* and we ran to the car as fast as we could.	**wą́ǫǫ**—grrrrrr Náshdóíłbáí *wą́ǫǫ* díiniidgo dasidiits'ą́ą́' áádóó chidí bich'į' t'áá awołí bee dah diijéé'.
***robber** The *robber* sneaked into our house, but our dog bit his leg and chased him away.	**ani'įįhii**—robber *Ani'įįhii* léi' nihighan góne' yah anoot'į́į́' nít'éé' nihilééchąą'í yijáád yish xash dóó yóó' iiníiłchą́ą́'.

***river**
Johnny went down to the *river* to fish.

English Word and English Sentence with the Word	Rough Translation of Navajo Word and Translation of English Sentence
***robins** *Robins* lay blue eggs.	**téélhalchí'í**—robin *Téélhalchí'í* biyęęzhii dadoo tł'izhgo nidayiiłchíih łeh.
***rock** Is turquoise a *rock?*	**tsé**—rock dootł'izhiísh *tsé* át'é?
***rode** Yesterday we *rode* our horses.	**łį́į́' tádanihidííyį́**—we rode horses here and there Adą́ą́dą́ą́' *łį́į́' tádanihidííyį́.*
***roll** I spread butter on my hot *roll.*	**bááh nímazí**—roll Mandigíiya *bááh nímazí* bísétłéé'.
***rooster** The *rooster* crows at dawn.	**naa'ahóóhaiką'**—rooster Abíínígo *naa'ahóóhaiką'* ánii łeh.
***root** A potato is a *root.*	**akétł'óól**—root Nímasii éí *akétł'óól* át'é.
***rope** The bull broke the *rope* and started chasing my sister.	**tł'óół**—rope Dóola *tł'óół* k'íinínizh dóó shideezhí yich'į' nídiilwod.
***rose** A *rose* bush has both flowers and thorns on it.	**chǫǫh**—rose bush *Chǫǫh* éí bit'ąą' dóó biwosh hólǫ́.
***rough** If a board is *rough,* you smooth it with sandpaper.	**dich'íizhgo**—if it is rough Tsinahaashjíí' *dich'íizhgo* naaltsoos dich'ízhígíí bee dilkǫǫh ájiił'įįh.
***round** A baby's head is very *round.*	**nímaz**—round Awéé' bitsiits'iin ayóo *nímaz* łeh.

***round**
A baby's head is very *round*.

English Word and English Sentence with the Word	Rough Translation of Navajo Word and Translation of English Sentence
***row** Put these five chairs into a *row.*	**ałkéé' dílt'ééh**—put them in a row Bikáá'dah'asdáhí ashdla'go *ałkéé' dílt'ééh.*
***rub** I don't have a gloves, so I will *rub* my hands together to keep my hands warm.	**ahídinishxish doo**—I will rub them together Shílájish ádin áko shíla' sido doo biniyé *ahídinishxish doo.*
***rubber** Tires are made from *rubber.*	**jeeh dígházii**—rubber Chidí bikee' *jeeh dígházii* bits'ą́ądóó ál'į́.
***rug** My mother wove a good double-weave *rug.*	**diyogí**—rug Shimá *diyogí* ałne' yistł'óní nizhónígo áyiilaa.
***rule** He broke the *rule,* and then they told him he had lost the game.	**bee haz'áanii**—rule *Bee haz'áanii* k'íiníti' áádóó naa honeezná dabidíiniid.
***ruler** Let me use your *ruler* so I can measure how tall I am.	**tsin bee ída'neel'ąąhí**—ruler *Tsin bee ída'neel'ąąhí* sha'nítį́įh áko ánísnézígíí bee shił bééhodoozį́įł.
***rumor** A *rumor* has spread that John is going to quit his job.	**aseezį́**—rumor Jáan naanish yits'ághááh ha'níigo *aseezį́* nihitah nít'i'.
***runt** The *runt* in the litter of kittens died after an hour.	**doo bitah hwiináa da yę́ę**—the one which was sickly Mósí yázhí *doo bitah hwiináa da yę́ę* yizhchį́įdóó t'ááłáhídi ahéé'ílkidgo daaztsą́.
***rut** The wheel of the car is stuck in a *rut.*	**ahoodzání**—rut Chidí bikee'ígíí *ahoodzání* góne'é nihits'ą́ą' eelts'id.

***rub**
I don't have a gloves, so I will *rub* my hands together to keep my hands warm.

English Word and English Sentence with the Word	Rough Translation of Navajo Word and Translation of English Sentence

S s

***sad**
Tom is *sad* because his grandmother died.

doo bił hózhǫ́ǫ da—he is unhappy
Táam bimá sání ádingo biniinaa *doo bił hózhǫ́ǫ da.*

***saddle**
She took the *saddle* off her horse and brought it into the house.

łį́į́' biyéél—saddle
Łį́į́' biyéél łį́į́' yik'i adayíí'ą́ą́ dóó wóne'é yah ayíí'ą́.

***sail**
This boat will *sail* quickly.

yi'oł doo—it will sail
Díí tsinaa'eeł tsį́įłgo *yi'oł doo.*

***sailor**
The *sailor* was still dizzy after he got off the boat.

hastįį na'ał'eełí—the man who goes sailing
Hastįį na'ał'eełí t'ahdii bił nahaghá tsinaa'eeł yikáá' adááyáa nidi.

***salt**
The cover came off the *salt* shaker, and suddenly his beans had a pile of salt on them.

áshįįh—salt
Áshįįh bizis bidáádít'áhí nahgóó eelts'idgo t'áadoo hooyání naa'ołí yę́ę áshįįh yił niinínil.

***same**
These shoes aren't the *same*—one is a right one and the other is a left one.

aheełt'é—they are the same
Díí ké ła' nish'náájígo bá, ła' éí nishtł'ájígo bá doo *aheełt'é*e da.

***sand**
Betsy climbed up the pile of *sand* and then slid down.

séí—sand
Bétsii *séí* yanáalk'idę́ę yikáá' haas'na' áádóó adah deesh zhóód.

***sandwich**
I brought a sandwich along.

bááh ałch'į' ádaat'éhígíí—sandwich
Bááh ałch'į' ádaat'éhígíí ła' ní'ą́.

***same**
These shoes aren't the *same*—one is a right one and the other is a left one.

English Word and English Sentence with the Word	Rough Translation of Navajo Word and Translation of English Sentence
***Saturday** *Saturday* is the day after Friday.	**Damóo Yázhí**—Saturday Nida'iiníísh bikéédę́ę́' éí *Damóo Yázhí*.
***saw** Billy left the *saw* out in the rain and it got rusty.	**tsin bee nehejíhí**—saw Bílii *tsin bee nehejíhí* t'áá nahałtin yii' niiní'ą́ą́ nít'éé' ałtso yiichii'.
***scarecrow** The crow thought the *scarecrow* was a man and flew away.	**ya'díníilzhin**—scarecrow Gáagii *ya'díníilzhin* t'áá aaníí hastįį át'é niizį́į'go áádóó yóó' eet'a'.
***school** Our *school* has four buildings.	**nihi'ólta'di**—at our school *Nihi'ólta'di* dį́į' kin sinil.
***scissors** She cut my hair with a pair of *scissors*.	**béésh adédiłí**—scissors *Béésh ahédiłí* yee shitsii' k'íinígizh.
***scorpion** It is very dangerous if a *scorpion* bites you.	**séígo'**—scorpion *Séígo'* hwiiłhashgo báhádzid.
***sea** We swam and we floated on the *sea*.	**tóniteel**—sea *Tóniteel* biyi' nida'siilkǫ́ǫ́' dóó táłkáá' dah nideii'eeł nít'éé'.
***seasons** The four *seasons* are: fall, winter, spring and summer.	**ał'ąą ánáhoo'níiłgo**—the different conditions of the land Dį́į'go *ał'ąą ánáhoo'níiłgo* ninááháháhígíí éí aak'eeh, hai, dąą, áádóó shį́.
***second** The *second* woman who spoke talked about the election.	**naaki góne'é**—the second one Asdzą́ą́ *naaki góne'é* yááłti'ígíí i'ii'níił yaa yááłti'.

***school**

Our *school* has four buildings.

English Word and English Sentence with the Word	Rough Translation of Navajo Word and Translation of English Sentence
***secret** Tell me the *secret.*	**doo baa hane'ii**—secret T'áadoo le'é *doo baa hane'ii* bee shił hólne'.
***see** He is blind and he cannot *see* anything.	**oo'į́**—he sees Bináá' ádin áko doo *oo'į́į* da.
***seed** I planted a corn *seed* and soon some green leaves started growing out of the ground.	**bik'ǫ́ǫ́'**—its seed Naadą́ą́' *bik'ǫ́ǫ́'* k'idíílá áádóó hodíina'go łeeyi'dę́ę́' at'ąą' dootł'izhgo haníísą́.
***seem** Driving a tractor might *seem* difficult now, but soon you will think it's easy.	**nahalin**—it seems that way Chidí naa'na'í nijiłbąąsgo ayóo nanitł'a *nahalin* k'ad. At'ahídóó éí doo nanitł'ahgóó baa tsízdíkos.
***sell** Sometimes we *sell* our cattle in town.	**nihaa ninádahanih**—we sell them Béégashii łahda kintahdi *nihaa ninádahanih.*
***senses** The *senses* are: seeing, touching, tasting, smelling, and hearing.	**bee ákozníziniígíí**—the senses *Bee ákozníziniígíí* éí: oot'į́, ízhdílnih, ajilniih, ajiłchin, dóó azhdiits'a'.
***September** Susan was born in *September.*	**Bini'anit'ą́ątsoh**—September *Bini'anit'ą́ątsoh* biyi' Sóozin bi'dizhchį́.
***set** Her parents gave her a *set* of dishes when she got married.	**ła' sinil**—a set Bá'ásyehgo Bimá dóó bizhé'é łeets'aa' *ła' sinil* bich'į' áyiilaa.
***seven** My younger brother is *seven* years old.	**tsosts'id**—seven Sitsilí éí *tsosts'id* binááhai.

***see**

He is blind and he cannot *see* anything.

English Word and English Sentence with the Word	Rough Translation of Navajo Word and Translation of English Sentence
***several** I worked on the radio *several* times before I finally found out what was wrong with it.	**díkwíidi shį́į́**—several times Nííłch'i halne'í *díkwíidi shį́į́* binináshíshnish áádóó yíchxǫ'ígi shił bééhoozin.
***shade** The cows walked into the *shade* and they stayed there until evening.	**chaha'oh**—shade Béégashii *chaha'oh* eekai áádóó t'áá ákǫ́ǫ́ naazį́įgo i'íí'ą́.
***shadow** My *shadow* is very long in the morning.	**shichaha'oh**—my shadow Abínígo *shichaha'oh* ayóó áníłnéez łeh.
***shake** Watch his arm *shake* when he raises it.	**ditsxiz**—it shakes Bigaan nínííł'į́ dego kóyiił'įįhgo *ditsxiz* łeh.
***sharp** His knife is so *sharp* he can cut meat like butter with it.	**deení**—it is sharp Bibéézh t'óó báhádzidgo *deení* atsį' mandagíya nijiiłgéésh nahalingo yee atsį' niyiishgizh.
***shave** You sure need a *shave*.	**nishééh**—you shave it Haash yit'éego doo nidághaa' *nishéeh* da?
***she** *She* is the one I told you about.	**ei at'ééd át'į́**—that girl is the one *Ei at'ééd* bee nił hweeshne'ę́ę *át'į́*.
***sheep** They are going to start shearing their *sheep* tomorrow.	**bidibé**—their sheep Yiskáągo *bidibé* tádeidi'nii gizh.
***shell** A white *shell* broke off her necklace.	**yoołgaii**—white shell Yoo' bąąhdę́ę' *yoołgaii* bits'ą́ą' ni'diilts'id.

***shadow**
My *shadow* is very long in the morning.

English Word and English Sentence with the Word	Rough Translation of Navajo Word and Translation of English Sentence
***shiny** That new silver bracelet is very shiny.	**bik'i nizdidlaad**—light shines off it Béésh łigaii látsíní bee ályaaígíí ayóo *bik'i nizdidlaad.*
***ship** The *ship* sails on the ocean.	**tsinaa'eełtsoh**—ship *Tsinaa'eełtsoh* tóniteel yikáá' yi'oł.
***shirt** He wore the same *shirt* five days in a row.	**deijį'éé'**—shirt *Deijį'éé'* t'áałá'ígíí' yii' sitįįgo ashdla' yiską́.
***shoe** One *shoe* is missing.	**ké**—shoe *Ké* t'áałáhíjí ádin.
***shook** During that wind, the whole house *shook.*	**nahaas'náá'**—it shook Deeyolę́ędą́ą́' kin t'áá át'é *nahaas'náá'.*
***shore** Tom Sawyer stood on the *shore* and fished.	**tábąąhdóó**—on the shore Táam Sóoyo *tábąąhdóó* sizįįgo łóó' hayiizlo'.
***short** He is tall and I am *short.*	**ánísts'ísí**—I am short Bí nineez, shí éí *ánísts'ísí.*
***shoulder** Carl fell off the horse and hurt his *shoulder.*	**biwos**—his shoulder Káal łį́į́' yik'i adáátłizh dóó *biwos* tíidiilaa.
***shout** Don't *shout* at me, I can hear you!	**t'áadoo dílwoshí**—don't shout *T'áadoo* shich'į' *dílwoshí*, nidiists'a'go át'é!
***shovel** She tried to dig the rock out with a *shovel,* but she broke the handle.	**łeezh bee hahalkaadí**—shovel Tsé *łeezh bee hahalkaadí* yee haigééd nít'éé bitsiin bits'ą́ą́' k'é'éltǫ'.

***short**
He is tall and I am *short*.

English Word and English Sentence with the Word	Rough Translation of Navajo Word and Translation of English Sentence
***shower** He was covered with sweat, so he took a *shower.*	**naazbį́į́'**—he took a shower Tó bąąh hahateełgo biniinaa *naazbį́į́'*.
***shut** If the door is *shut,* open it.	**dá'deelkaalgo**—if it is shut Dáádílkał *dá'deelkaalgo* ąą'ádíílííł.
***sick** You look like you are *sick.*	**doo nitah hats'íid da**—you are not healthy *Doo nitah* hats'íid da nahonílin.
***side** Walk on the *side* of the road, not in the middle.	**bibąąhjígo**—on the side of it Atiin *bibąąhjígo* yínááł, ałníí' góó éí dooda.
***sign** There was a *sign* back there that said it's forty miles to Albuquerque.	**atiingóó dah naaztánígíí**—road sign *Atiingóó dah naaztánígíí* níléí wóyahdi ła' dízdiin tsinsitą́ hadziih níigo bikáá' dah sitą́.
***silent** I expected to hear voices and dogs barking, but instead, everything was *silent.*	**doo íits'a'í da**—there wasn't a sound Yádajiłti' dóó łééchąą'í nida hał'in diists'a' dooleeł nisin nít'éé' *doo íits'a'í da.*
***silly** Stop acting *silly* and open the door for me.	**t'áadoo ne'ádíláhí**—stop acting silly *T'áadoo ne'ádíláhí*, dáádíl kał shá ąą'ánílééh.
***silver** My mother gave me a *silver* dollar.	**béésh łigaii**—silver Shimá t'áłá'í béeso *béésh łigaii* bee ályaaígíí sheiní'ą́.
***since** I have felt very lonely *since* my dog died.	**-dóó wóshdę́ę́'**—since then Shiléécháą'í daaztsą́ą́*dóó wóshdę́ę́' doo shił hats'íid da nít'éé'.*

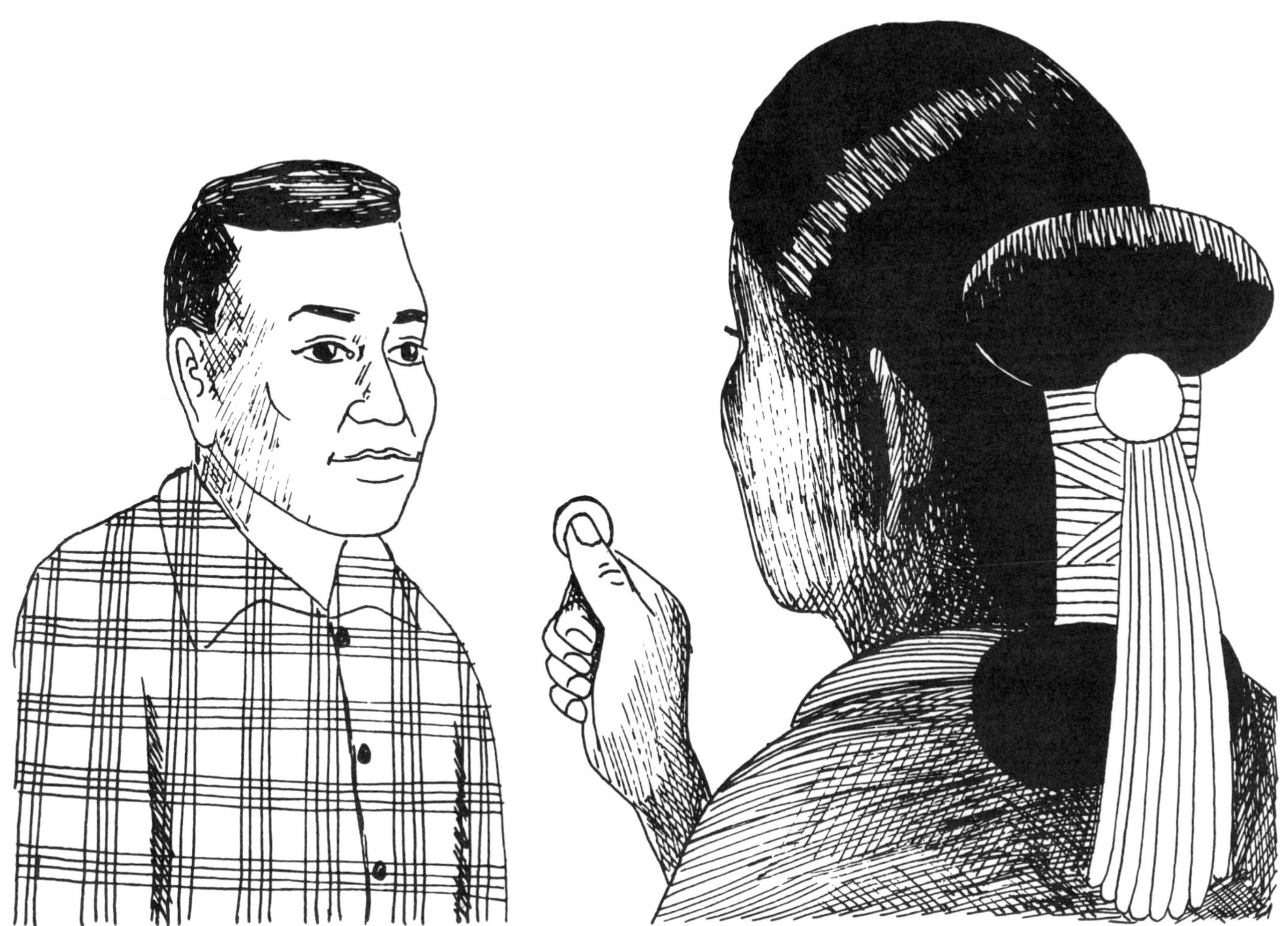

***silver**

My mother gave me a *silver* dollar.

English Word and English Sentence with the Word	Rough Translation of Navajo Word and Translation of English Sentence
***sing** When I am happy I *sing*.	**hashtaał**—I sing Shił hózhǫ́ǫgo *hashtaał* łeh.
***sister** My older *sister* just finished high school.	**shádí**—my older sister *Shádí* ániid wódahgo ólta'ígíí niiníłta'.
***sit** Here, *sit* in this chair.	**bikáá' dah nídaah**—sit up on it Na', díí bik'idah'asdáhí *bikáá'* dah nídaah.
***six** The hunter threw a rock into the bushes and *six* ducks flew up.	**hastą́ą́**—six Naalzheehí hodíłch'il góne' tsé yee adziisne' nít'éé' naal'eełí *hastą́ą́* aadę́ę́' hahaast'a'.
***skin** Her *skin* is covered with freckles.	**bikágí**—her skin *Bikágí* łichíi'go bikáá' dah daalkizh.
***skirt** My mother hung her *skirt* out to dry.	**bitł'aakał**—her skirt Shimá *bitł'aakał* nídooltsih biniyé tł'óó'góó yideesbaal.
***skunk** The *skunk* is swaying from side to side as it walks alone.	**gólízhii**—skunk *Gólízhii* ni'díníwóodgo atiin góyaa yigááł.
***sky** The airplane flew into the *sky* and out of sight.	**yá**—sky Chidí naat'a'í *yá* góde eet'a' dóó doo bééhoozin da.
***sled** My little sister and I rode a *sled* down the hill.	**tsinaalzhoodí**—sled Shideezhí dóó shí *tsinaalzhoodí* adah nihił nídílwo' nít'éé'.

***sled**

My little sister and I rode a *sled* down the hill.

English Word and English Sentence with the Word	Rough Translation of Navajo Word and Translation of English Sentence
***sleep** *Sleep* rests one's body	**ajiłhoshgo**—when one sleeps *Ajiłhoshgo* hats'íístah hanályįh.
***sleepy** You look *sleepy.* Why don't you go to bed?	**k'adę́ę iiłháásh**—you are nearly asleep *K'adę́ę* iiłháásh nahonílin. Doo hanii tsásk'eh bikáá' níteeh da.
***slice** Ray put a *slice* of meat in his fried bread.	**neheest'ą́zę́ę**—which had been sliced Wéii atsį' ła' *neheest'ą́zę́ę* dah díníilghaazh yikáá' niiní'ą́.
***slippery** The road is icy and very *slippery.*	**nahateeł**—it is slippery Atiingóó tin dóó ayóo *nahateeł.*
***slow** He is a *slow* worker, but he does a good job.	**doo hah naalnish da**—he doesn't work quickly *Doo hah naalnish da* nidi naanish nizhónígo íił'į́.
***slowly** The turtle walks very *slowly.*	**hazhóó'ógo**—quite slowly Ch'ééh digháhii *hazhóó'ógo* naaghá.
***small** The fish was so *small* that I didn't want it, so I threw it back into the lake.	**áłts'íísíyee'**—it is tiny Łóó' *áłts'íísíyee'* biniinaa doo niizį́į' da, áko t'óó taah náhíííłhan.
***smell** How does the stew *smell* now?	**haahalchin**—how does it smell K'adísh éí atoo' *haahalchin?*
***smile** Carol has a *smile* on her face because she knows she danced well.	**binii' yiyoołdloh**—she has a smile on her face Kéwol nizhóní go oolzhiizhgo biniinaa *binii' yiyoołdloh.*

***smell**
How does the stew *smell* now?

English Word and English Sentence with the Word / **Rough Translation of Navajo Word and Translation of English Sentence**

***smoke**
Smoke came from the oven because she left the cake in too long.

łid—smoke
Bááh łikaní t'áa-doo hanéíkaahí nízaagóó nihoolzhiizhgo biniinaa *łid* béésh bii' kǫ'í biyi'dę́ę́' ha'íijool.

***smooth**
Howard picked up a *smooth* stone and put it into his pocket.

dilkǫǫh—it is smooth
Háwod tsé *dilkǫǫh* léi' néidii'ą́ áádóó biza'azis ayíí'á.

***snake**
The *snake* moved along the ground with its body bent in many places.

tł'iish—snake
Tł'iish ni'góó naneeshtł'iizhgo yi'nah.

***snap**
The twig went "*snap*" when I broke it.

ch'ił—snap
Tsin ts'ośí k'íníti' nít'éé' "*ch'ił*" yiists'ą́ą́'.

***snapped**
The dry twig *snapped* when I stepped on it.

"ch'ił" yiists'ą́ą́'—it went "snap"
Tsints'ósí yíłtseii yę́ę bik'i diishtáál nít'éé' "*ch'ił*" *yiists'ą́ą́'*.

***snow**
The *snow* is as high as my knees.

yas—snow
Shigod bíighahgo *yas* neel'ą́.

***snowman**
The weather warmed up and our *snowman* melted away.

yas hastįį—snowman
Honiigaigo biniinaa *yas hastįį* yę́ę nihits'ą́ą́' dííłhį́į́'.

***snowstorm**
The boys walked home in a *snowstorm* and their whole bodies were shivering when they reached home.

chííl náádǫ́ǫ́s—swirling snow
Ashiiké *chííl náádǫ́ǫ́s* yii' ní'áázh hooghangóó náát'ashgo, áádóó nát'áázh nít'éé' bitah hoditsxiz.

***snow**
The *snow* is as high as my knees.

English Word and English Sentence with the Word

Rough Translation of Navajo Word and Translation of English Sentence

***so**
Farley is very heavy, *so* none of us can lift him.

áko—so
Hwáalii t'óó báhádzidígi át'é, *áko* nihí ła' dah didiil-téxígíí doo bíighah da.

***soap**
Ella thinks that the *soap* makes her smell good, but I can't stand the smell.

táláwosh—soap
Élaa éí *táláwosh* nizhóní bee honishchin nízin, áko nidi shí éí halchinígíí ayóo shił niłchxon.

***socks**
Charley sewed up the hole in my *socks* for me.

shistłee'—my socks
Cháalaa *shistłee'* bigháhoodzá nę́ę shá néiskad.

***soft**
This pillow is very *soft*.

yilzhólí—soft
Díí tsii'ááł ayóo *yilzhólí*.

***soldier**
The *soldier* said, he hated war, but he really liked it.

siláołtsooí—soldier
Siláołtsooí ání anaa' hólǫ́ǫgo t'óó jooshłá, áko nidi t'áá bił yá'át'ééh.

***some**
I want *some* of that bread.

ła'—some
Eii bááh *ła'* nisin.

***somebody**
Somebody ate my soup and sat in my chair.

háíshį́į́—somebody
Háíshį́į́ atoo' sits'ą́ą' yoodlą́ą' lá áádóó bik'idah'asdáhí sits'ą́ą' yik'i dah neezdáá lá.

***someone**
Someone wants to talk to you.

háíshį́į́—someone
Háíshį́į́ nich'į' hadeesdzih ní.

***something**
I want *something* to drink.

t'áadoo le'é—something
T'áadoo le'é ła' deeshdlį́į́ł.

***someone**
Someone wants to talk to you.

English Word and English Sentence with the Word

Rough Translation of Navajo Word and Translation of English Sentence

***sometime**
I will probably see him in Flagstaff *sometime.*

haa'ída—sometime
Haa'ída shįį́ hwiideestséé? Kinłánídi.

***sometimes**
Sometimes the school bus is late.

łahda—sometimes
Łahda chidíłtsooí doo hah yilwo' da.

***somewhere**
I want to live *somewhere* where my brother can't hit me.

háadida—somewhere
Háadida shighan doo áko shí naa í doo násinilts'in da doo.

***son**
I hear my *son* crying.

shiye'—my son (father speaking)
Shiye' yichago disétsʼą́ą'.

***song**
She loves that *song* about porcupines.

biyiin—its song
Dahsání *biyiin* ayóo bił yá' át'ééh.

***soon**
Sarah *soon* was tired of cleaning up after her dog.

t'áá áko—right away
Séwa *t'áá áko* biléécháą'í t'áá yikéé' hasht'éé hool'įįhgo biniinaa yąąh niníyá.

***sound**
What is making that *sound?*

diits'a'—it is making a sound
Ei ha'át'íísh bee *diits'a'*?

***soup**
She drank the *soup* from her bowl and made a slurping sound.

atoo'—soup
Ásaa' nímazí yiyi'dóó *atoo'* yidlą́ągo łxood, łxood yiits'a'.

***sour**
This milk tastes *sour,* so let's give it to the cat.

díík'ǫsh halniih—it tastes sour
Díí abe' *díík'ǫsh halniih*, áko t'óó mósí baa dookááł.

***somewhere**
I want to live *somewhere* where my brother can't hit me.

English Word and English Sentence with the Word	Rough Translation of Navajo Word and Translation of English Sentence
***south** The trading post is *south* of here.	**shádi'áahjigo**—south Kodóó *shádi'áahjigo* naalyéhí bá hooghan.
***sparrow** A *sparrow* flew through the window, it flew above our heads awhile, and then it flew back out.	**tsídiiłbáhí**—sparrow *Tsídiiłbáhí* tsésǫ' góne' yah eet'a' nihikáa'gi naanáát'ahgo hodíina' áádóó tł'óó'góó ch'ínát'a'.
***speak** She will *speak* to him about it.	**hadoodzih**—she will speak Eii yee yich'į' *hadoodzih.*
***spend** Do not *spend* all your money on candy.	**t'áadoo bee nahíłniihí**—don't spend money on that Ei béeso *t'áadoo* ałk'ésdisí t'éiyá *bee nahíłniihí.*
***spider** A *spider* spins it's web to catch flies.	**na'ashjé'ii**—spider *Na'ashjé'ii* bitł'óól tsé'édǫ'ii yee yił hidideeł doo biniyé na'atł'óóh.
***spin** Watch how I make this pencil spin.	**nídeeshbał**—I will spin it Díí bee ak'e'elchíhí níníł'į́įgo *nídeeshbał.*
***spoon** Our baby can eat with a *spoon* now.	**béésh adee'**—spoon Nihi'awéé' k'ad *béésh adee'* yee ayą́ silį́į'.
***spoke** She *spoke* to him about it.	**haadzíí'**—she spoke Éí yee yich'į' *haadzíí'.*
***spot** He has a spot of red paint on his shirt.	**dah yiyiiłchii'**—he made a red spot Bi'éé' dejį'ígíí kin bee yidleeshí łichíí' léi' yee *dah yiyiiłchii'.*

***spider**
A *spider* spins it's web to catch flies.

English Word and English Sentence with the Word	Rough Translation of Navajo Word and Translation of English Sentence
***spray** Do not spray the air all the time, you will kill me as well as the flies.	**t'áadoo bee na'ísolí**—don't spray it Ałahjį' *t'áadoo bee na'ísolí* tsé'édǫ'ii dóó shí da bee nanihidíiłtsxił.
***spring** My mother usually feels happy in the *spring*.	**ch'ínádąąhgo**—when spring is starting *Ch'ínádąąhgo* Shimá bił hózhǫ́ǫ łeh.
***square** He tried to draw a *square*, but he couldn't get all four sides to be the same length.	**dik'ą́ągo**—square-shaped *Dik'ą́ągo* neich'ąąhgo yíneeztą́ą́', áko nidi t'áá dį́į́'góó na'asdzooígíí doo aheeníłtsogóó áyiilaa.
***squeeze** When you *squeeze* the doll, it cries.	**ałch'į' níjii'nihgo**—when one presses it together Awééshchíín *ałch'į' níjii'nihgo* hanácha łeh.
***squirrel** The *squirrel* climbed to the top of the tree.	**hazéísts'ósii**—squirrel *Hazéísts'ósii* tsin yílátahjį' haas'na'.
***star** That *star* is called Coyote's Star.	**sǫ'**—star Níléidi *sǫ'* si'ánígíí éí Ma'ii Bizǫ' wolyé.
***start** *Start* off now and I will meet you at the store later.	**dah diinááh**—start off K'ad *dah diinááh* áádóó hodíina'go kindi ahéédidiit'ash.
***steam** Very hot water turns to *steam*.	**siil**—steam Tó ayóo sidogo *siil* yileeh.
***steep** This hill is too *steep* to climb.	**Kíhonii'á**—it is steep Díí dahisk'idígíí ayóo *Kíhonii'á* áko t'óó binídiit'ash.
***step** Take one *step* backward.	**nidiníłtaał**—take a step T'ąą'jį' go t'ááłáhídi *nidiníłtaał*.

***square**
He tried to draw a *square*, but he couldn't get all four sides to be the same length.

English Word and English Sentence with the Word	Rough Translation of Navajo Word and Translation of English Sentence
***stick** He was hit with the *stick*.	**tsin ts'ósí**—stick *Tsin ts'ósí* bee nábi'doolghaal.
***stiff** The sunlight dried our wet clothes and made them *stiff*.	**dah naalgąąshgo**—stiff Shánídíín nihi'éé' ditłé'ę́ę náyííłtseii áádóó t'óó *dah naalgąąshgo* áyiilaa.
***still** If Frankie still isn't home in an hour, we can start eating.	**t'ah**—still Wę́kii *t'ah* doo nádááhgóó t'áá łáhídi ahéé'ílkidgo t'óó da'diidį́į́ł.
***stinger** Every bee has a *stinger*.	**bizǫ́ǫ́z**—its stinger Tsés'ná t'áá ałtso *bizǫ́ǫ́z* hólǫ́.
***stir** *Stir* the fried potatoes so they don't burn.	**bił na'ítsi**—stir them Nímasii *bił na'ítsi* áko doo didoolił da.
***stomach** His *stomach* hangs way over his belt.	**bibid**—his stomach *Bibid* biziiz bilááhgóó ahííyį́.
***stone** Janet flipped a *stone* into the lake.	**tsé**—stone Jéene' tó siyínígíí *tsé* yee yiih jííłtązh.
***stop** *Stop* the car here, I want to get out.	**nibiníłtłáád**—stop it Chidí kwe'é *nibiníłtłáád*, adadeesháał.
***store** I bought this watermelon at the *store* yesterday.	**kindi**—at the store Adą́ądą́ą́' díí ch'ééh jiyą́ą́ *kindi* nahálnii'.

***store**
I bought this watermelon at the *store* yesterday.

English Word and English Sentence with the Word	Rough Translation of Navajo Word and Translation of English Sentence
***storm** Even though the *storm* passed quickly, I got all wet.	**shą́ą́ hodeestą́ą nidi**—even though the storm passed me Tsxį́įłgo *shą́ą́ hodeestą́ą* nidi ałtso nísístłéé'.
***story** Do you know the *story* about Coyote and the Skunk?	**hane'**—story Ma'ii dóó Gólízhii baa *hane'* ísh nił bééhózin?
***stove** I put more firewood into the *stove*.	**béésh bii' kǫ'í**—stove *Béésh bii'* kǫ'í Chizh ła' biih náádeesh'nił.
***straight** Go *straight* on this road until it forks out, then take the left fork.	**t'áá k'éhézdon** Atiin bikáá'góó *t'áá k'éhézdon* nił oolwoł níléí ałts'á'átiindi nishtł'ajigo dah adiitiinígíí nił dah i'didoolwoł.
***stream** The beaver swam across the *stream*.	**tó nílínígíí**—flowing water Chaa' *tó nílínígíí* ha'naa ni'níłkǫ́ǫ́'.
***stretch** *Stretch* yourself now.	**na'ádílts'ǫǫd**—stretch yourself K'ad *na'ádílts'ǫǫd*.
***string** He tied up the box with a piece of *string*.	**tł'óółts'ósí**—string Naaltsoos tsits'aa' *tł'óółts'ósí* yee yik'i na'aztł'ǫ́.
***stripes** There are red and yellow *stripes* on his shirt.	**bee noodǫ́ǫ́z**—it is striped with it Bi'éé' dejį'ígíí łichíí' dóó łitso *bee noodǫ́ǫ́z*.

***storm**

Even though the *storm* passed quickly, I got all wet.

English Word and English Sentence with the Word	Rough Translation of Navajo Word and Translation of English Sentence
***strong** He is *strong* because he lifts weights every day.	**bitsxe'**—he is strong Bił k'éé'dílnihí yił k'înídílnih t'áá ákwííjį biniinaa ayóo *bitsxe'*.
***such** I have never seen *such* a thing.	**ákót'éhígíí**—a thing like that *Ákót'éhígíí* doo yish'įį da nít'éé'.
***sugar** Which is sweeter, *sugar* or honey?	**áshįįh łikan**—sugar Háísh aláahgo łikan, *áshįįh łikan* daats'í, tsés'ná bitł'izh daats'í?
***suitcase** The doctor brought his *suitcase* into the train.	**éé' bee naat'áhí**—suitcase Azee'íił'íní *éé' bee naat'áhí* kǫ' na'ałbąąsii yiih yiyíí'ą́.
***summer** We move up to the mountain during the *summer.*	**shįįgo**—when it is summer *Shį́įgo dziłghą́ą́' góó háádeii'nééh.*
***sun** The *sun* is much larger than the earth.	**jį́honaa'éí**—sun *Jį́honaa'éí* nahasdzą́ą́ yiláahgo áníłtso.
***Sunday** We didn't go anywhere last *Sunday.*	**damóo**—Sunday Áłtsé *damóo* yę́ędą́ą́' t'áadoo nisiikaiígóo da.
***sunshine** The clouds moved away and the *sunshine* returned.	**adinídíín**—sunshine K'os nahgóó eelzhóód áádóó *adinídíín* náhásdlį́į́'.
***surrounded by** The old lady's house is *surrounded* by trees.	**binás'á**—it is surrounded by them Asdzą́ą́ sání bighan t'iis *binás'á.*
***swallow** Do not *swallow* your food before you chew it.	**t'áadoo ahíłneehí**—don't swallow it Ch'iyą́ą́ t'áadoo hazhó'ó ni'aałi *t'áadoo ahíłneehí.*

***strong**
He is *strong* because he lifts weights every day.

English Word and English Sentence with the Word	Rough Translation of Navajo Word and Translation of English Sentence
***sweater** The dog chewed up my *sweater.*	**éé' naats'ǫǫdii**—sweater Łééchąą'í *éé' naats'ǫǫdii* sits'ą́ą́' yiyíí'aal.
***sweet** Hey, this sugar is not sweet, oh, it's salt.	**łikan**—it is sweet Shoo, díí áshįįh łikan doo *łikan* da áshįįh át'éí lá.

***swallow**
Do not *swallow* your food before you chew it.

English Word and English Sentence with the Word	Rough Translation of Navajo Word and Translation of English Sentence

T t

***table**
He painted the *table* red, and now it looks awful.

bikáá'adání—table
Bikáá' adání łichíi'go yizhdléézh dóó k'ad éí t'óó baa'ih silį́į' nisin.

***tail**
The monkey hangs by his *tail*.

bitsee'—its tail
Mágí *bitsee'* yee nahíítłtį.

***take**
Take that dirty old hat away from me.

shighanít'aah—take it away from me
Eii ch'ah chxǫ́'í *shighanít'aah.*

***tall**
There are many *tall* buildings in the cities.

ádaníłnééz—they are tall
Kin haal'áadi t'óó ahayóí kin ayóo *ádaníłnéez* łeh.

***tame**
The *tame* bear bit off his finger.

yízhǫǫdę́ę́—the one that used to be tame
Shash *yízhǫǫdę́ę́* ashkii yíla' k'íiníłhazh.

***tap**
Tap on the window with this cane.

hazhóó'ógo náníłhał—poke gently
Díí gish tsésǫ' bee *hazhóó'ógo náníłhał.*

***taste**
This grape juice has a sweet *taste.*

ayóo łikan—it has a sweet taste
Díí ch'il na'atł'o'í bitoo' *ayóo łikan.*

***tea**
My father usually drinks *tea,* but not coffee.

dééh—tea
Shizhé'é *dééh* ayóo yidlą́ą łeh, ahwééh éí doo ayóo yidlą́ą da.

***teacher**
Larry wants to be a *teacher* when he grows up.

bá'ólta'í—one who has students
Léwii nineez sélį́į'go *bá'ólta'í* deeshłeeł ní.

***take**
Take that dirty old hat away from me.

English Word and English Sentence with the Word	Rough Translation of Navajo Word and Translation of English Sentence
***team** Our *team* won the football game.	**nihich'ijígo**—on our side Jooł daatalgo yee nidaanéhígíí *nihich'ijígo* dahoneesná.
***tear** Suzanna has a pancake in her mouth and a *tear* in her eye.	**binák'eeshto'**—she has tears Sozénaa abe' bee neezmasí bizéé' si'ą́ą dóó *binák'eeshto'* hólǫ́.
***telephone** The *telephone* is ringing.	**béésh halne'í**—telephone *Béésh halne'í* diits'a'.
***television** Turn off the *television* and listen to me.	**nítch'i naalkidí**—television *Nítch'i naalkidí* anánígéés dóó síísíníłts'ą́ą'.
***ten** You do not look like you are *ten* years old.	**neeznáá**—ten Doo *neeznáá* ináánai nahonílin da.
***tent** We slept in a *tent* last night.	**níbaal**—tent Tł'éédą́ą' *níbaal* bii' danihiiską́.
***terrible** The movie was *terrible*.	**t'óó baa'ih**—it was terrible Na'askidęę *t'óó baa'ih*.
***thankful** We were *thankful* when Bob got back.	**baa ahééh daniidzį́į'**—we were thankful for it Báab nádzáago *baa ahééh* daniidzį́į'.
***thanks** *Thanks* for taking care of the baby.	**ahéhee' lą́ą**—thank-you *Ahéhee' lą́ą* awéé' baa áhólyą́ą nít'éé'.
***Thanksgiving** I spent *Thanksgiving* Day with my uncle.	**Késhmish Yázhí**—Thanksgiving *Késhmish Yázhí* yę́ędą́ą' shidá'í bił nahísístą́ą nít'éé'.

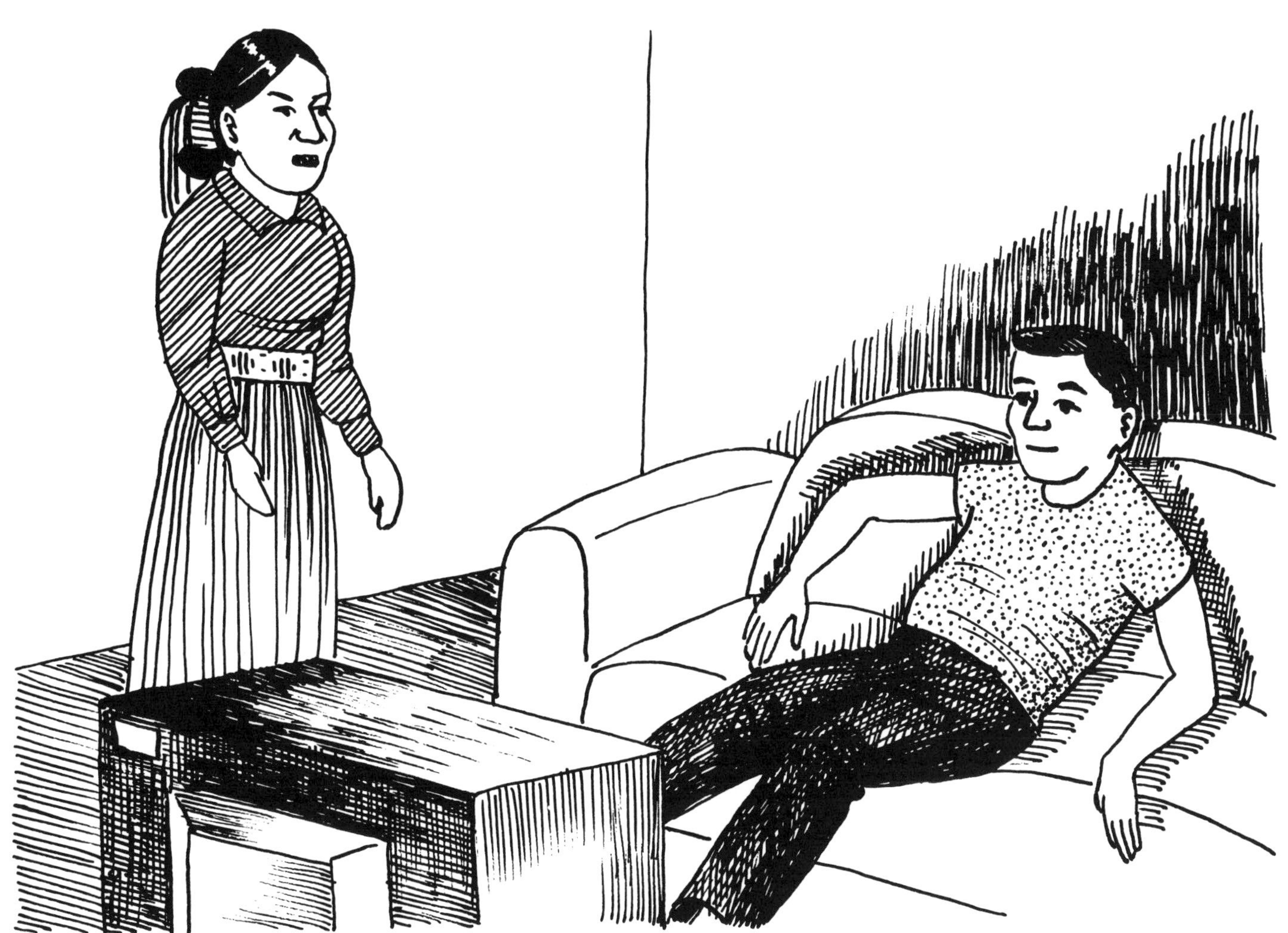

***television**
Turn off the *television* and listen to me.

English Word and English Sentence with the Word	Rough Translation of Navajo Word and Translation of English Sentence
***thank-you** *Thank-you* for lending me the book.	**ahéhee' lą́ą**—thank-you *Ahéhee' lą́ą* naaltsoos sha'íiní'ą́.
***that** *That* box is empty.	**ei**—that *Ei* tsits'aa' doo bii' siláhí da.
***theater** Barbara left the *theater* in the middle of the movie.	**na'alkidídę́ę́'**—from the theater Ałníí'góó oolkiłgo *na'alkidídę́ę́'* Báaba ch'élwod.
***their** They left *their* clothes at the laundry.	**bi'éé'**—their clothes Éé' deigisídi *bi'éé'* nideizką́.
***theirs** Do not take those books, they are *theirs.*	**daabí**—they are theirs Eii naaltsoos nídahołááh lágo, níléí *daabí.*
***them** I do not like *them.*	**dajooshłá**—I can't stand them Níléí t'óó *dajooshłá.*
***then** I tripped on the toy wagon and *then* I fell to the ground.	**áádóó**—and then Tsinaabąąs yázhí ba'ądiishtáál *áádóó* naaninítłizh
***there** Her husband is standing *there* by the blue car.	**níléí**—there Eii bahastįį *níléí* chidí dootł'izhígíí yíighahgi sizį́.
***they** *They* are not our relatives.	**danihik'éí**—they are our relatives Níléí doo *danihik'éi* da.
***thick** Joe nailed that *thick* board to the tree.	**ditánígíí**—the thick one Jóo níléí tsiniheeshjíí' *ditánígíí* t'iis yik'ijį' yił i'íítkaal.

***theirs**

Do not take those books, they are *theirs.*

English Word and English Sentence with the Word	Rough Translation of Navajo Word and Translation of English Sentence
***thief** The police caught the *thief.*	**ani'įįhii**—thief Siláo *ani'įįhii* yę́ę yił deezdéél.
***thin** The ice was *thin* and the fisherman fell through it.	**áłt'ąą́'íyee'**—it is very thin Tin *áłt'ąą́'íyee'* dóó hastįį łóó' hayiilehę́ę yinákánítłizh.
***third** That's her *third* child.	**táá' góne'**—it is third Éí *táá' góne'* bi'dizhchį.
***thirsty** Mary was *thirsty,* so she drank some milk.	**dibáá' bi'niiłhįįgo**—she is really thirsty Méewii *dibáá' bi'niiłhįįgo* biniinaa abe' yoodląą́'.
***thirty** *Thirty* donkeys walked to the top of the hill.	**tádiin**—thirty Télii *tádiin*go dahisk'idígíí yighąą́' haaskai.
***this** *This* boy is a good runner.	**díí**—this *Díí* ashkii ayóo dilwo'.
***those** *Those* men came from Chinle, Arizona.	**níléí**—those *Níléí* hastóí Ch'ínílįįdę́ę' yíkai.
***though** *Though* she is younger than me, she looks older.	**azhą́ . . . nidi**—even though *Azhą́* shikéédę́ę' naagháa *nidi* shilą́ąjį' naaghá nahalin.
***thousand** There must have been a *thousand* ants in that tree stump.	**mííl yázhí**—thousand T'ááłáhídi *mííl yázhí* bíighahgo daats'í wólázhiní eii tséhégod biyi' hólǫ́.
***thread** Get me some *thread,* I need to sew up this tear in my pants.	**bee ná'álkadí**—thread *Bee ná'álkadí* ła' shá nídiilé—shitł'aajį'éé' bigháhoodzánígi bee nídeeshkał.

***thirsty**

Mary was *thirsty*, so she drank some milk.

English Word and English Sentence with the Word	**Rough Translation of Navajo Word and Translation of English Sentence**
***three** *Three* years ago I went to the Navajo Mountain.	**táá'**—three *Táá'* nááhai yę́ędę́ę́' Naatsis'ą́ągóó niséyá.
***throat** I have a sore *throat*.	**shidáyi'**—my throat *Shidáyi'* honeezgai.
***through** The sheep went *through* a tunnel under the over-pass.	**atiin bighání'á ch'íníjéé'**—they ran through Dibé *atiin bighání'á* bighánoodzą́ą́ góne'é *ch'íníjéé'*.
***thumb** My little brother still sucks his *thumb*.	**bilátsoh**—his thumb Sitsilí t'ahdii *bilátsoh* yiłt'o'.
***thunder** The horse reared up when it heard the *thunder*.	**adeeshch'iłgo**—when it began thundering Łį́į́' *adeeshch'iłgo* yidiizts'ą́ą́' nít'éé' dego yiizį'.
***Thursday** Timmy was thirsty on *Thursday*.	**Damóo dóó Dį́'íjį́**—Thursday *Damóo dóó dį́'íjį́* yę́ędą́ą́' Tímii dibáá' bi'niiłhį́į́ nít'éé'.
***tickle** Do not *tickle* me—I do not like it.	**t'áadoo shíłhozhí**—don't tickle me *T'áadoo shíłhozhí*—doo shił yá'át'éeh da.
***tiger** The *tiger* killed the deer.	**náshdóítsoh noodǫ́zígíí**—tiger *Náshdóítsoh noodǫ́zígíí* bįįh ła' yiyiisxį́.
***tight** These pants shrank when I washed them, and now they are very *tight*.	**shineestih**—they are tight on me Díí tł'aajį'éé' ségis, nít'éé' sits'ą́ą́' ahaniníyá. K'ad éiyá ayóo *shineestih*.
***tiny** The baby's hands are *tiny*.	**áłts'íísíyee'**—tiny Awéé' bíla' *áłts'íísíyee'*.

***thumb**

My little brother still sucks his *thumb*.

English Word and English Sentence with the Word / **Rough Translation of Navajo Word and Translation of English Sentence**

***tip**
The tip of his *cane* is white.

bigish—his cane
Bigish bílátahí łigai.

***tires**
One of our *tires* went into a big hole in the road, but the hole did not hurt it.

chidí bikee'—automobile tires
Atiin ahoodzání góne'é *chidí bikee'* nihits'ą́ą́' eelts'id áko nidi t'áadoo áyiilaaí da.

***to**
Let's go *to* Gary's house.

-góó—to
Géwii bighan*góó* diit'ash.

***toast**
Toast tastes good with butter on it.

bááh diniiltsoigo—toasted bread
Bááh diniiltsoigo mandagíiya béstłée'go ayóo łikan.

***today**
I was very happy about what you did *today.*

jį́įdą́ą́'—the day which has passed so far
Jį́įdą́ą́' baa nisíníyáhígíí ayóo baa shił hózhǫ́.

***toes**
Count your *toes* again. There can't be eleven of them.

nikédiníbiní—your toes
Nikédiníbiní náánéíníłta'. Doo łáts'áadah da.

***together**
My friend and I went walking *together.*

tádiit'áázh—we went around together
Shik'is dóó shí t'áá ni' yiit'ashgo *tádiit'áázh.*

***tomato**
He likes to put a slice of *tomato* on his hamburger.

ch'it łichí'í—tomato
Ch'it łichí'í t'ááłá'í bidoolt'ą́ązgo héembagii bikáá' si'ą́ągo ayóo bił łikan.

***tomorrow**
We are going to ride horses *tomorrow.*

yiską́ągo—tomorrow
Yiską́ągo łį́į́' tádanihididooyéél.

***tongue**
The *tongue* is used for speaking.

atsoo'—tongue
Atsoo' éí bee yáti' biniyé hólǫ́.

***toast**
Toast tastes good with butter on it.

English Word and English Sentence with the Word

Rough Translation of Navajo Word and Translation of English Sentence

***tonight**
Barbara will write a letter *tonight.*

díí tł'éé'—tonight
Báabaa *díí tł'éé'* naaltsoos íídoolíił.

***too**
Are we going to the show *too?*

ałdó'—too
Nihíísh *ałdó'* na'alkidígóó deet'áázh?

***tool**
Lend me that *tool* over there.

bee na'anishí—tool
Níléí *bee na'anishí* sha'nítįįh.

***tooth**
One *tooth* needs to be pulled out.

niwoo'—your tooth
Niwoo' t'ááłá'ígo hadoot'ááł.

***toothbrush**
Hey, use your own *toothbrush.*

niwoo' bee yich'iishí—your toothbrush
Shoo, t'áa ni *niwoo' bee yich'iishí* choiníł'į.

***top**
What is Jane doing on *top* of the house?

yikáa'di—on top of it
Jéiin shą' kin *yikáa'di* éí ha'át'íí yaa naaghá?

***toss**
Toss me the ball.

ahíłhan—toss it
Jooł shich'į' *ahíłhan.*

***toward**
Walk *toward* Charles.

bich'į'go—toward him
Cháala *bich'į'go* dah diinááh.

***towel**
Dry your face with this *towel.*

bee ádít'oodí—towel
Díí *bee ádít'oodí* ninii' bee nit'ood.

***tower**
Caroline stands in that *tower* and watches for fires.

ya'ii'áhí—tower
Kéwolin *ya'ii'áhí* yiyi' sizįįgo áádóó hodook'ąłígíí háidéez'íį'.

***toss**
Toss me the ball.

English Word and English Sentence with the Word	**Rough Translation of Navajo Word and Translation of English Sentence**
***town** Which *town* do you come from?	**kin dah shijaa'ígíí**—town Háádóó *kin dah shijaa'ígíí shą'* naniná?
***toys** My baby sister plays with dolls and *toys.*	**daané'é**—toys Shideezhí awéé' nilínígíí awééshchíín dóó *daané'é* yee naanée łeh.
***tracks** The Comanche saw his *tracks* and started tracking him.	**ła' nahakée'go**—a track Naałání *ła' nahakée'go* yiyiił tsą́ áádóó néidiiłkáá'.
***tractor** His old *tractor* finally broke down.	**bichidí naa'na'í**—his tractor Eii *bichidí naa'na'í* sání yę́ę́ índa *k'é'éltǫ'* yíchxǫ'.
***trade** I will *trade* my five pigs for your horse.	**bił ałháá'dii'nił**—let's trade them to each other Shibisóodi ashdla' yę́ę nilį́į' *bił ałháá'dii'nił.*
***trailer** Wilma moved her *trailer* from Naschitti to Sheep Springs.	**kinaabąąsí**—trailer Wóma *kinaabąąsí* Nahashch'idídóó níléí Dibé Bito'jį' niinídzį́į́z.
***train** The *train* took fifteen minutes to pass this spot.	**kǫ' na'ałbąąsii**—train *Kǫ' na'ałbąąsii* ashdla'áadah dahalzhin díí kwe'é haz'ánígíí yiláoswod.
***trap** A *raccoon* was in the trap.	**bee ódleehí**—trap Tábąąh ma'ii *bee ódleehí* yiih yilwod lá.
***tree** My brother and sister built a little house in that *tree.*	**t'iis**—cottonwood tree Shínaa í dóó shádí *t'iis* biyi' kin yázhí léi' ádayiilaa.

***toys**
My baby sister plays with dolls and *toys.*

English Word and English Sentence with the Word	**Rough Translation of Navajo Word and Translation of English Sentence**
***trick** He played a mean *trick* on me, so I cursed him.	**shi'deezlo'**—he tricked me T'óó baa'ihgo *shi'deezlo'*, áko yínísdziih nít'éé'.
***trip** You will *trip* over that radio if you don't put it away.	**bi'ądidííltał**—you will trip over it Eii níłch'i halne'í doo níláahdi nííní'ą́ągóó *bi'ądidíítał.*
***trouble** The student has so much *trouble,* she can only cry.	**bich'į' nahwiil'ná**—she has troubles At'ééd ółta'ígíí *bich'į' nahwiil'ná*ago áko t'óó yicha.
***truck** Could I borrow your *truck* to haul some water?	**nichidítsoh**—your truck *Nichidítsoh* sha'ní'aah ya', tó ła' bee nideeshxééł.
***true** Yes, it is *true* I owe you ten dollars, but I just don't have the money.	**t'áá ákót'é**—that is how it is Aoo', *t'áá ákót'é*, neeznáá béeso shaa háíníł'á, áko nidi béeso łá'ínidi doo ła' naash'áa da.
***trusts** She *trusts* you and knows you will take good care of her son.	**naa dzólí**—she trusts you Biyáázh nizhónígo bá baa áhólyą́ą dooleełgi ayóo *naa dzólí* dóó bił bééhózin .
***truth** Joe told the *truth,* but I still do not like what he said.	**t'áá aaníigo hoolne'**—he spoke truthfully Jóo *t'áá aaníigo hoolne'*, áko nidi ázhdííniidígíí doo shił yá'át'éeh da.
***try** *Try* to be a good person.	**nabínítaah**—try it Diné yá'át'éhígíí nishłį́į doo nínízingo *nabínítaah.*
***tub** My little sister won't get into the *tub* without her toy boat.	**Bii' ninádajibeehígíí**—bath tub Shideezhí *bii' ninádajibeehígíí* doo yiih yighą́ah da łeh, tsinaa'eeł daané'é biłgo t'éiyá yiih yigháah.

***tree**

My brother and sister built a little house in that *tree*.

English Word and English Sentence with the Word	Rough Translation of Navajo Word and Translation of English Sentence
***Tuesday** I finished painting the house last *Tuesday.*	**Damóo dóó Naakijį́**—Tuesday *Damóo dóó Naakijį́* yę́ędą́ą́' kin ałtso shédléézh.
***tumble** Jean tripped on the wet spot and took a *tumble.*	**átsą́'iitłéé'**—she tumbled head over heels Jíin hoditłé'ę́ęgi deeztłizh dóó *átsą́'iitłéé'*.
***tunnel** There is a *tunnel* through the mountain.	**bighá hool'á**—there is a tunnel through it Dził biyi' góne' *bighá hool'á.*
***turkey** We went up to the mountain, and a *turkey* flew right by us.	**tązhii**—turkey Dził bąąh kíikai dóó *tązhii* léi' nihíighah deest'a'.
***turn** Hey you, it is my *turn.*	**shí náánáá k'ad**—it's my turn Shoh héii, *k'ad shí náánáá.*
***turtle** Hey, what do you know, my *turtle* laid an egg!	**ch'ééh dighákhii**—turtle Shoo, nił bééhozinísh, *ch'ééh dighákhii* ashchį́į́ lá!
***twelve** *Twelve* o'clock at night is called midnight.	**naakits'áadahdi**—at twelve Tł'ée'go *naakits'áadahdi* bik'i dah akǫsgo tł'éé'íílníí' wolyé.
***twenty** When I am *twenty* years old will I be an old man?	**naadiin**—twenty *Naadiin* shinááhaigo hastóí sáníísh nishłį́į doo?
***twenty-five** There are *twenty-five* kids in my class.	**naadiin ashdla'**—twenty-five Íníshta'í góne'é áłchíní *naadiin ashdla'* da'ołta'.
***twice** She kissed me *twice* and then she ran away.	**naakidi**—twice *Naakidi* sizts'ǫs áádóó yóó' eelwod.

***tunnel**
There is a *tunnel* through the mountain.

English Word and English Sentence with the Word	Rough Translation of Navajo Word and Translation of English Sentence
***twins** No wonder my mother got so big, she just had *twins.*	**naakishchíín**—twins Éi ga' biniinaa shimá ayóó áníldíil nít'éé' lá, *naakishchíín* yishchį.
***twinkle** Stars *twinkle* at night.	**danilk'oł**—they twinkle Sǫ' tł'ée'go *danilk'oł* łeh.
***two** I have *two* thumbs.	**naaki**—there are two of them Shílátsoh *naaki.*

***twleve**

Twelve o'clock at night is called midnight.

English Word and English Sentence with the Word	Rough Translation of Navajo Word and Translation of English Sentence

U u

***ugly**
You think he looks good? I think he looks *ugly.*

jíchxǫ́ǫ́'í—he looks ugly
T'óó báhádzidgo bíiyisís nínízin? Shí nísh'į́įgo éí t'óó *jíchxǫ́ǫ́'í.*

***umbrella**
You need an *umbrella* to keep the rain off you.

bee chaha'ohí—umbrella
Bee chaha'ohí chojooł'į́įgo éí doo hak'i nahałtin da łeh.

***uncle**
My mother's brother is my *uncle.*

shidá'í—my maternal uncle
Shimá bitsilí éí *shidá'í* át'é.

***under**
We sat *under* the bridge and drank pop.

biyaagóó—along under it
Na'nízhoozh *biyaagóó* siikéego tódilchxoshí yiidlą́ą́'.

***understand**
I don't *understand* what the teacher is talking about.

doo bik'i'diishtį́įh da—I don't understand it
Bá'ółta'í yaa yáłti'ígíí *doo bik'i'diishtį́įh* da.

***undress**
Undress! Don't wear your clothes into the shower.

ha'diijááh—undress
Ha'diijááh! tá'ádazdigis góne' ni'éé' t'áá hólǫ́ǫgo yah óolyeed.

***unhappy**
I am *unhappy* because our dog ran away.

doo shił hózhǫ́ǫ da—I am not happy
Lééchąą'í nihits'ą́ą́' yóó' eelwodgo biniinaa *doo shił hózhǫ́ǫ da.*

***uniform**
He had a bullet hole through his *uniform.*

hadiil'éé'—uniform
Hadiil'éé' bee'eldǫǫh bik'a' baa ahoodzą́ągo áyiilaa.

***unless**
Unless you clean your room soon, you will catch a disease from it.

-go t'éiyá—only if
Nighan góne' hasht'e hwiinilaago t'éiyá doo ts'íihn-iidóóh nidídóołniił da.

***under**

We sat *under* the bridge and drank pop.

English Word and English Sentence with the Word	Rough Translation of Navajo Word and Translation of English Sentence
***untie** I cannot *untie* my shoelaces.	**k'e'esh'ad**—I am untying them Shikétł'óól ch'ééh k'e'esh'ad.
***until** My mother stayed home *until* she was nine years old, and then she went to school.	**yę́ęjį'**—until that time Shimá náhást'éí binááhai yę́ęjį' t'áá hooghandi sidáá nít'éé' áádóó ólta'góó dah diiyá.
***up** Look *up* and look at the moon.	**deigo**—upward Deigo díní'įį́', ooljéé' níníł'į́.
***upon** In Navajo you say, "I am sitting *upon* the chair," instead of, "I am sitting on the chair."	**bik'i dah sédá**—I am sitting upon it T'áá Dinék'ehjígo, "Bik'idah'asdáhí *bik'i dah sédá,*" jiníi łeh. "Bik'idah'asdáhí bik'i sédá," doo jiníi da.
***upside down** Watch me hang *upside down* by my legs . . .	**yaago dah hidíníshtį́**—I am hanging upside down Shiníníł'į́ átsé shijáád bee *yaago dah hidíníshtį́*
***upstairs** Mr. Smith lives *upstairs.*	**ná'ághą́ą'di**—upstairs Mr. Smith *ná'ághą́ą'di* bighan.
***us** Come with *us* and we will play at the sand dune.	**nihił**—with us *Nihił* wohkah áádóó áadi séí bii' nidadii'neeł.
***use** Do not *use* all the honey up.	**ałtso ádaałdįįł lágo**—don't use it up Tsés'ná bitł'izh *ałtso ádaołdįįł lágo.*
***useful** The large spoon was very *useful.* Thanks for lending it to me.	**choo'į́**—it is useful Béésh adee' nitsxaaígíí ayóo *choo'į́.* Ahéhee' łą́ą sha' íínítą́.

***up**
Look *up* and look at the moon.

English Word and English Sentence with the Word

Rough Translation of Navajo Word and Translation of English Sentence

V v

***vacation**
Our family went to the ocean on father's *vacation.*

bił ch'aanisiikai—we took a vacation with him
Bił háíjéé' tóniteel bibąąhgóó shizhé'é *bił ch'aanisiikai.*

***valentine**
I gave her a heart for a *valentine*. No, not a sheep's heart!

ajéí—a heart
Ajéí be'alyaago valentine biniyé baa níłtsooz. Dibé bijéí éí dooda!

***valley**
Our Winter house is down in the *valley.*

náhoolts'aa'—valley
Náhoolts'aa' góyaa nídaniheehah.

***vegetables**
Some types of *vegetables* are potatoes, onions, and tomatoes.

ch'il deiidánígíí—vegetables we eat
Ch'il deiidánígíí ałtah át'éii ła' éí nímasii ch'ił łich aí'í da ła' éí tł'ohchin, dóó chiłichí'ída.

***very**
I think I am a *very* attractive person, but no one agrees with me.

ayóigo—very
Ayóigo nishóní nisin, áko nidi ła' éí doo akódeinízin da.

***vines**
Watermelons grow on *vines.*

na'atł'o'go—growing vines
Ch'ééh jiyąą́ éí *na'atł'o'go* nanise'.

***visitor**
That was just a *visitor,* not Santa Claus.

nihaazhníyá—someone visited us
Eii éí t'óó *nihaazhníyá*, Késhmish Hastįį éí doo nilįį da.

***voice**
Craig shouted and heard his *voice* bouncing off the rocks.

hazhdoolghaazhę́ę—what he'd shouted
Kwée' hazhdoolghaazhgo *hazhdoolghaazhę́ę tsé* bii' hodiists'ą́ą'.

***voice**
Craig shouted and heard his *voice* bouncing off the rocks.

English Word and English Sentence with the Word	Rough Translation of Navajo Word and Translation of English Sentence

W w

***wad**
She threw the *wad* of paper away.

naaltsoos dinoogiizhę́ę́—the paper which had been crumpled up
Naaltsoos dinoogiizhę́ę́ yóó' ayííłhan.

***wag**
Dogs *wag* their tails when they are happy.

bitsee' yidiłtazgo—when they wag their tails
Łééchąą'í *bitsee' yidiłtazgo* bił hózhǫ́ǫ łeh.

***wagon**
That's a nice *wagon* you bought.

tsinaabąąs—wagon
Tsinaabąąs nizhóní léi' nahíníłnii'.

***waist**
Louella is so fat, it seems like she has no *waist.*

biníí'—her waist
Lowéla ayóo áníldííl, *biníí'* éí doo bééhózin da.

***wait**
Wait, you got on the wrong bus!

t'ah áloo átsé—just a moment
T'ah áloo átsé, chidíłtsooí doo ááji da biih yíníłwod!

***wake**
The boat's *wake* was all fizzy.

yi'ołgo bikéédę́ę́'go—behind it as it went on the water
Tsinaa'eeł *yi'ołgo bikéédę́ę́'go* éí tó dadilchxosh.

***walk**
Walk, don't run.

yínááł—walk along
Nídoólyeed lágo, t'óó *yínááł.*

***wall**
The *wall* fell over and broke all our dishes.

tsin yadiitł'in—the wooden wall
Tsin yadiitł'in áádę́ę́' ádah ííł dááz dóó łeets'aa' ałtso neistseed.

***want**
This candy is so sweet it will ruin your teeth and make you sick. Do you *want* some?

nínízin—you want it
Díí ałk'ésdisí ayóo łikan áko niwoo' yidooołchxǫǫł dóó nitah hodínóołgah. Ła'ísh *nínízin* áko?

***waist**
Louella is so fat, it seems like she has no *waist*.

English Word and English Sentence with the Word	**Rough Translation of Navajo Word and Translation of English Sentence**
***war** If somebody attacks us we will have to fight a *war.*	**ałk'iidiijah**—our sides will fight each other Ła' nihik'i jiijée'go aadóó t'óó *ałk'iidiijah.*
***warm** The *warm* breeze made me feel happy.	**honeezílígo**—warm conditions *Honeezílígo* nídích'ihgo baa shił hózhǫ́.
***wash** Wanda was washing her clothes in the *wash.*	**bikooh**—wash *Bikooh* góyaa Wánida bi'éé' dayiigis.
***waste** Don't *waste* your money on ugly shoes like that.	**bee naninéhí**—you are playing around with it T'áadoo nibéeso t'óó *bee naninéhí* ké t'óó baa'ihígíí t'áadoo nahíłniihí.
***watch** *Watch* me do a somersault.	**shinínííł'į́**—watch me Atsą́'iishtłeehgo *shinínííł'į́.*
***water** Everything living needs *water.*	**tó**—water Ha'át'íí shį́į́ t'áá hináá shį́į́ *tó* yinízin.
***watermelon** Mark said, he would share his *watermelon* with me, but he only gave me the seeds.	**ch'ééh jiyą́ą́**—watermelon Máag áshíłní *ch'ééh jiyą́ą́* diidį́į́ł, áko nidi bik'ǫ́ǫ́' t'éiyá sheiníjaa'.
***wave** A huge *wave* turned our boat over.	**yilk'oołgo**—as it came in a wave Tó t'óó ahayóí *yilk'oołgo* tsinaa'eeł nihił néidiyéé'ą́.
***wax** I had lots of *wax* in my ears, but the doctor cleaned the wax out.	**shijééht'iizh**—my ear wax Shijaayi' góne' *shijééht'iizh* t'óó ahayóí nít'éé', azee'íił'íní shijééht'iizh ałtso hayiiznil.

***wash**
Wanda was washing her clothes in the *wash*.

English Word and English Sentence with the Word	Rough Translation of Navajo Word and Translation of English Sentence
***way** Which *way* is it to your house.	**háaji'gosh**—which way is it *Háaji'gosh* éí nighan?
***we** *We* are all friends.	**nihí**—we Nihí t'áá át'é ałch'odanii'ní.
***weak** The old wolf was *weak* from hunger.	**doo bitsxe'góó**—it is without strength Ma'iitsoh sání doo bitsxe'góó dichin bi'niiłhį́.
***wear** *Wear* your old clothes.	**bee naniná**—go around in them Ni'éé' t'óó baa'ihígíí bee naniná.
***weather** Quit saying that it's bad *weather* when it rains! We love the rain.	**áhoot'éhígíí**—conditions *Áhoot'éhígíí* nahałtį́įhgo t'áadoo t'óó baa'ih diníní! Nahałtin éí nihił yá'át'ééh.
***Wednesday** I got back last *Wednesday.*	**Damóo dóó táá' yiską́**—Wednesday *Damóo dóó táá' yiskánídą́ą́'* nánísdzá.
***week** One *week* has seven days.	**damóo ná'ádleehgo**—when a week has passed T'ááłá'ídi *damóo ná'ádleehgo* tsosts'id néílkááh.
***weigh** How much does that horse *weigh?*	**haaníłdáás**—how much does it weigh? Eish łį́į́' *haaníłdáás* nínízin?
***weight** Do you know your *weight?*	**áníníłdásígíí**—how much you weigh *Áníníłdásígíí*sh nił bééhózin?
***welcome** *Welcome,* come in.	**wóshdę́ę́'**—you are welcome to enter *Wóshdę́ę́'*, nihił yah aninááh.

***we**
We are all friends.

English Word and English Sentence with the Word	Rough Translation of Navajo Word and Translation of English Sentence
***well** Our water comes from a *well* which we dug.	**tó hadahaa'nildę́ę́'**—water which we dug a well for *Tó hadahaa'nildę́ę́'* éí danihito'.
***we'll** *We'll* leave tomorrow.	**nihí nikiniikai**—we'll get going *Nihí* yiską́ągo *nikiniikai.*
***west** The sun sets in the *west.*	**e'e'aahjígo**—over toward the west *E'e'aahjígo* jį́honaa'éí anádááh.
***wet** My bed is *wet.* It must have rained on my bed.	**ditłéé'**—it is wet Sitsásk'eh *ditłéé'*. Tsásk'eh bik'i nahóółtą́ą́ sha'shin.
***what** *What* is that?	**ha'át'íish**—what? *Ha'át'íish* át'é?
***wheat** We eat *wheat.*	**tł'oh naadą́ą́'**—wheat *Tł'oh naadą́ą́'* deiidą́.
***wheel** The front *wheel* of my bicycle is flat.	**bijádígíí**—its wheel Sidzi'izí bilą́ąjį' *bijádígíí* éí siłtsǫz.
***when** *When* are you going to stop talking?	**hahgosh**—when? *Hahgosh* éí ałtso niyádííłtih?
***whenever** *Whenever* I walk by your house I think of you.	**disháahgo**—whenever I walk Nighan bíighahgóó *disháahgo* t'áá áko naatsídískos.
***where** *Where* are you going?	**háágóosh**—toward where *Háágóosh* díníyá?

***west**
The sun sets in the *west*.

English Word and English Sentence with the Word	Rough Translation of Navajo Word and Translation of English Sentence
***whether** *Whether* you want it or not, you are going to get a shot.	**nidi . . . áko nidi**—even though . . . still Doo íínínízin da *nidi, áko nidi* naa i'dootsxih.
***which** *Which* of you can speak Navajo?	**háídíígíísh**—which one? *Háídíígíísh* Dinék'ehjí yáłti'?
***while** *While* you were laughing, I was crying.	**nít'ée'go**—back when Anánídloh *nít'ée'go* yishcha nít'éé'.
***whispered** Charlotte *whispered* into her father's ear.	**bijeeyi'jį' yił hoolne'**—she told him saying it to his ear Sháli' bizhé'é *bijeeyi'jį'* yił hoolne'.
***whistle** When supper is ready, I will *whistle* for you.	**ídi'deesoł**—I will whistle I'íí'ą́ągo ada'niidą́ą'go nich'į' *ídi'deesoł*.
***white** Our pick-up truck is *white*.	**łigai**—it is white Nihichidí bikée'jį adeez'áhígíí *łigai*.
***who** *Who* has been sitting in my chair?	**háish**—who? *Háish* shibikáá'dah'asdáhí yikáá' dah sidáá nít'éé'?
***whole** Cecil ate up the *whole* cake. Now what are we going to eat?	**ałtso**—all of it Síisil bááh łikaní *ałtso* yiyííyą́ą'. K'adísh éí ha'át'íí dadiidį́įł?
***whom** To *whom* am I speaking?	**háish**—who is it *Háish* bich'į' yáshti'?
***whose** *Whose* toys are these?	**háish**—whose *Háish* bidaané'é?

***while**
While you were laughing, I was crying.

English Word and English Sentence with the Word	**Rough Translation of Navajo Word and Translation of English Sentence**
***why** *Why* are you late?	**ha'át'íísh biniinaa**—for what reason *Ha'át'íísh biniinaa* akéé'dę́ę́' yíníyá?
wide We can't cross the river here. It's too *wide*.	**áníłtéél**—it is wide Díí tó nílínígíí doo tsé'naa nidiikah da. Ayóí *áníłtéél*.
***wife** John's wife is stronger than he is.	**be'asdzą́ą́**—his wife Jáan *be'asdzą́ą́* éí biláahgo bitsxe'.
***wild** The *wild* children lived in a cave.	**da'ałchinígíí**—the wild ones Áłchíní *da'ałchinígíí* tsé'ą́ą́ góne' bighan.
***will** He *will* be back tomorrow.	**nídoodááł**—he will return Yiskąągo shįį *nídoodááł*.
***willow** A *willow* is a type of tree with slender branches and narrow leaves.	**k'ai'**—willow *K'ai'* éí bits'áoz'a' ałts'óózí yee', bit'ąą' éí ádaałts'ózí.
***win** I think my sheep will *win* a prize at the fair.	**hodínóołnééł**—it will win Naa'ahóóhai nitsaaígíí ná'ádleehídi shidibé *hodínóołnéeł* sha'shin.
***wind** The *wind* was so strong I could not hardly walk forward.	**níyol**—the wind *Níyol* ayóo bitsxe' áko ch'ééh bidáahjį' dah diishááh.
***window** Terry thought the *window* was open when he threw the bottle through it.	**tsésǫ'**—the window Téwii *tsésǫ'* ąą'át'é nízingo tózis iyííłhan.

***wife**
John's *wife* is stronger than he is.

English Word and English Sentence with the Word	Rough Translation of Navajo Word and Translation of English Sentence
***windy** On a *windy* day it is hard to wear a hat.	**níyolgo**—when the wind is blowing *Níyolgo* hach'ah hólǫ́ǫgo doo yá'áshǫ́ǫ da łeh.
***wing** Even though the Anglos call it Shiprock, the rock's real name is *Wing*rock.	**bit'a'í**—its wing Bilagáana Tsé Tsinaa'eełí danízingo áko nidi íiyisíí bízhi'ígíí Tsé *Bit'a'í* hoolyé.
***winter** I like to slide on the ice in *winter.*	**haigo**—when it is winter *Haigo* tin bikáá' naashteełgo ayóo bíneeshdlį́.
***wipe** *Wipe* off your chin. You spilled milk on it.	**nit'ood**—wipe it Niyaats'iin *nit'ood.* Abe' bik'i yeiniką́.
***wire** We can keep the tailgate up by using *wire.*	**béésh áłts'ózí**—wire Akéédę́ę́' dánídítį́hí dekót'éego *béésh áłts'ózí* bee dahaastł'ǫ́.
***wish** I *wish* I knew how to play the trumpet?	**dooleełę́ę**—if it had only been Dilní bee naashné bééhasin *dooleełę́ę.*
***witch** Which *witch* witched which witch?	**yee naaldlooshii**—witch Háidíígíish *yee naaldlooshii* yee naaldloosh yee adiłgąsh?
***with** Come *with* me.	**shił**—with me *Shił* yí'ash.
***within** We all live *within* the boundaries of the Navajo Reservation.	**biyi'**—within it Nihí éí t'áá ánííltso diné biná hásdzo *biyi'* kééhwiit'į́.

***wing**

Even though the Anglos call it Shiprock, the rock's real name is *Wing*rock.

English Word and English Sentence with the Word	Rough Translation of Navajo Word and Translation of English Sentence
***without** Cindy likes to walk around *without* her shoes.	**t'áágééd**—without them Sínidii shikee' *t'áágééd* naasháago shił yá'át'ééh nízin łeh.
***wolf** At first he thought it was a coyote, but then he found out that it was a *wolf.*	**ma'iitsoh**—wolf Áłtsé íinízingo éí ma'ii daats'í nízin, nít'éé' doo éí da lá, *ma'iitsoh* át'éé lá.
***woman** A girl grows up to be a *woman.*	**asdzą́ą́**—older woman At'ééd nooséełgo *asdzą́ą́* yileeh.
***wonder** I usually *wonder* about many things.	**baa nitséskees łeh**—I usually think about things T'áadoo le'é t'óó ahayóí *baa nitséskees łeh.*
***wonderful** If she is so *wonderful* why did you hit me?	**ayóí ánóolningo**—if she is very wonderful *Ayóí ánóolningo* ha'át'íí biniyé náshidíínííłts'in?
***wooden** The *wooden doll* had a painted face.	**tsin**—wooden *Tsin* awééshchíín binii' yishdléézh.
***woodpecker** Why doesn't a *woodpecker* get a headache?	**tsį́į́łkaałii**—woodpecker *Tsį́į́łkaałii* éísh éí ha'át'éego doo bitsiits'iin niigááh da?
***woods** We played around in the *woods* for a while.	**tsį́tahdi**—at the woods Nihí éí t'óó kónízáhíį́' *tsį́tahdi* nideii'néé nít'éé'.
***wool** Her mother cards and spins *wool.*	**aghaa'**—wool Bimá *aghaa'* hainiłchaad áádóó yidiz.
***woolen** *Woolen* underwear make you itch.	**aghaa' bee ályaaígíí**—made with wool *Aghaa' bee ályaaígíí* ayaadi bii' dziztį́į́go ayóo ałhę́ę́s teh.

***wool**
Her mother cards and spins *wool*.

English Word and English Sentence with the Word	Rough Translation of Navajo Word and Translation of English Sentence
***word** Every *word* has a meaning.	**saad**—words T'áá ałtso *saad* óolyéhígíí bee hóló̜.
***work** What is the matter with him, he loves his *work*.	**binaanish**—his work Haash yidzaa, *binaanish* éí bił yá'át'ééh.
***world** He said, that the *world* is our mother and the sky is our father.	**nahasdzą́ą́**—the world *Nahasdzą́ą́* éiyá nihimá áádóó yádiłhił éí nihitaa' díiniid.
***worm** The crow ate the *worm*. I am glad I am not a crow.	**ch'osh**—worm Gáagii *ch'osh* yiyííyą́ą́'. T'áá ákónéehee' léi' doo gáagii nishłį́į da lá.
***worry** Do not *worry* about a thing.	**t'áadoo bąąh níni'í**—don't worry about it *T'áadoo* t'áadoo le'é *bąąh níni'í*.
***worse** Jake is *worse* than his brother.	**biláahgo be'édílááh**—he is naughtier than him Jei' éí bínaaí *biláahgo be'edílááh*.
***worth** It was *worth* twelve dollars.	**shił bíighah**—it was worth that to me Naakits'áadah béeso éí *shił bíighah*.
***wreck** That *wreck* is not worth a cent.	**shijįzhígíí**—crumpled wreck Ei *shijįzhígíí* tsindáo doo bą́ąh íłį́į da.
***wrestle** I don't want to *wrestle* with you. I might get killed.	**nił ahideeshgą́ął**—I will wrestle with you Shí éiyá doo *nił ahideeshgą́ął* da. Shidiyíiłhéełgo da át'é.

***world**
He said, that the *world* is our mother and the sky is our father.

English Word and English Sentence with the Word	Rough Translation of Navajo Word and Translation of English Sentence
***wrinkle** She had a *wrinkle* under her chin.	**doolk'ool**—it was a wrinkle Biyaats'iin biyaadę́ę́' *doolk'ool.*
***wrist** When you twist your *wrist,* your hand twists too.	**hálátsíín**—one's wrist *Hálátsíín* nídzíłhisgo hála' éí t'áá bił náyis.
***write** *Write* your name on the line.	**nízhi' áníléeh**—write your name Ei ídzooígíí bikáa'gi *nízhi' áníléeh.*
***wrong** You went the *wrong* way.	**doo áajigo da**—not the right way *Doo áajigo* da íiníyá.

***wrong**
You went the *wrong* way.

English Word and English Sentence with the Word	Rough Translation of Navajo Word and Translation of English Sentence

X x

***x**
No Navajo words begin with ''*x*''.

x—x
Naabeehó bizaad biyi' éí ''*x*'' doo bee hahool'áa da.

***X-ray**
They took an *X-ray* of my stomach and found out there was nothing wrong with me.

yighádaʼdeesdlááʼd—they X-rayed it
Shibid *yighádaʼdeesdlááʼd* nít'éé', doo áníťéhí da lá dashidííniid.

***x**

No Navajo words begin with "*x*".

English Word and English Sentence with the Word	Rough Translation of Navajo Word and Translation of English Sentence

Y y

***yarn**
I would weave you a rug, but I ran out of *yarn*.

bee'atł'óhí—yarn
Ná adeeshtł'óoł nidi *bee'atł'óhí* shee ásdįįd.

***year**
One *year* seems like a very long time.

náâhaigo—when a year has passed
T'ááłá'í *náâhaigo* ayóó ánízáád shił nahalin.

***yell**
Yell for help only if you need it.

hadíínílghaazhgo—if you yelled
Shíká anilyeed diníigo *hadíínílghaazhgo* t'áá aaníí ádínii doo.

***yellow**
Baby chicks are *yellow*.

daaltso—they are yellow
Naa'ahóóhai yázhí *daaltso*.

*** yes**
In Navajo you say, ''*Yes*, I don't know,'' instead of, ''No, I don't know.''

aoo'—yes
Dinék'ehjígo, ''*Aoo'*, doo shił bééhózin da,'' jiníi łeh. ''Nidaga', doo shił bééhózin da,'' doo jiníi da.

***yesterday**
Yesterday all my troubles seemed far away.

adą́ądą́ą́'—yesterday
Adą́ądą́ą́' t'áá ałtsoní bee shich'į' nahwii'nánígíí níléí doo deeghánídi nahalin nít'éé'.

***yet**
She has not come back *yet*.

t'ah doo . . . da—not yet
T'ah doo nádáah *da*.

***you**
You don't know me, but I know all about you.

ni—you
Ni éí doo shééhonísin da, áko nidi shí éí kodóó ánít'éhígíí t'áá át'é baa áhonisin.

***yellow**
Baby chicks are *yellow*.

English Word and English Sentence with the Word	Rough Translation of Navajo Word and Translation of English Sentence
***young** She is *young*.	**ániid naaghá**—she is young Bí éí *ániid naaghá*.
***your** *Your* hair is black.	**nitsii'**—your hair Ni éí *nitsii'* łizhin.
***you're** *You're* my cousin.	**nílį́**—you are Ni éí sizeedí *nílį́*.
***yours** Is this bullfrog *yours?*	**ni**—it is yours Díí daats'í ch'ałtsoh *ni*?
***yourself** Sweep the floor *yourself*.	**t'áá ni**—yourself *T'áá ni* ni'góó nahóshooh.

***your**
Your hair is black.

English Word and English Sentence with the Word

Rough Translation of Navajo Word and Translation of English Sentence

Z z

***zebra**
That *zebra* is so wild, no one could ever ride it.

Tééhłį́į́'—zebra
Tééhłį́į́' t'óó báhádzidgo náldzid, t'ah doo ła' nabiyéhí da.

***zero**
Two minus two is *zero*.

ádin—there is nothing
Naaki bits'ą́ą́ jį' naaki nahgóó kwíinilaago áko *ádin* doo.

***zigzag**
I sewed a *zigzag* stripe down the leg of my pants.

nanooltł'iizhgo—so that it zigzags
Shitł'aajį'éé' booshk'iizhjí yaago *nanooltł'iizhgo* nisélkad.

***zipper**
The *zipper* on my jacket is stuck.

bił nídídǫ́sígíí—zipper
Shi'éétsoh *bił nídídǫ́sígíí* dah hídiiyá.

***zoo**
We saw an elephant at the zoo.

naaldloosh daníl'ínídi—at the place for viewing animals
Chį́į́h yee adilohii *naaldloosh daníl'ínídi* deiiltsą́.

***zero**
Two minus two is *zero*.

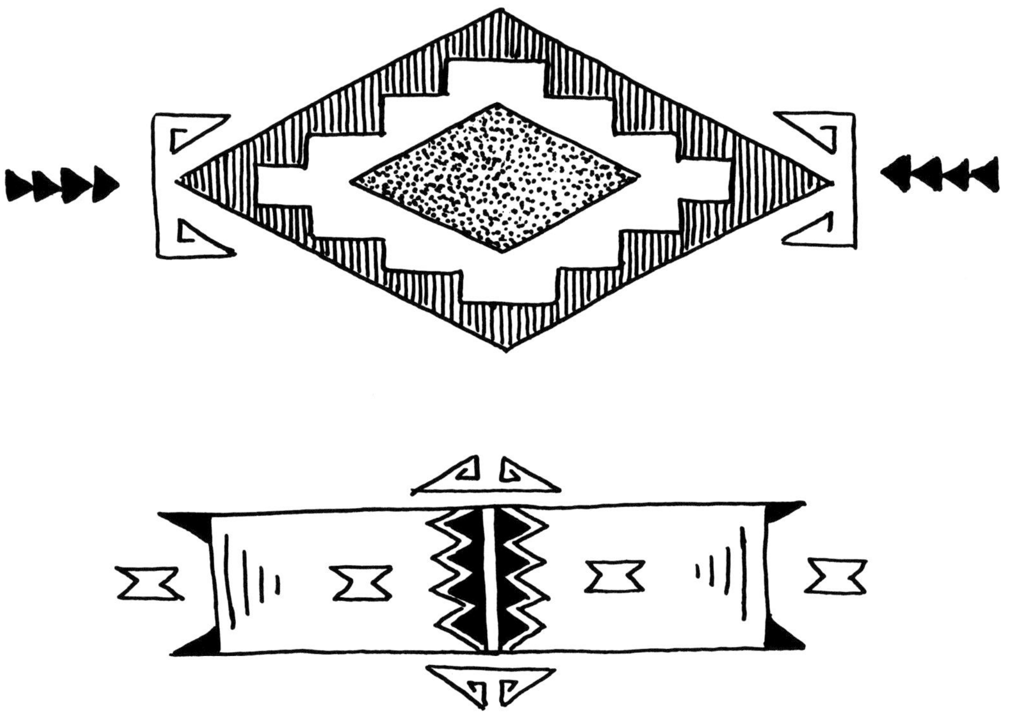

APPENDIX

NUMBERS

Numerals	English	Navajo
1	one	t'áálá'í
2	two	naaki
3	three	táá'
4	four	dį́į́'
5	five	ashdla'
6	six	hastą́ą́
7	seven	tsosts'id
8	eight	tseebíí
9	nine	náhást'éí
10	ten	neeznáá
11	eleven	ła'ts'áadah
12	twelve	naakits'áadah
13	thirteen	táá'ts'áadah
14	fourteen	dį́į́'ts'áadah
15	fifteen	ashdla'áadah
16	sixteen	hastą́'áadah
17	seventeen	tsosts'its'áadah
18	eighteen	tseebííts'áadah
19	nineteen	náhást'éíts'áadah
20	twenty	naadiin
21	twenty-one	naadiin ła'
22	twenty-two	naadiin naaki
30	thirty	tádiin
31	thirty-one	tádiin dóó ba'ąą t'áálá'í
40	forty	dízdiin
41	forty-one	dízdiin dóó ba'ąą t'áálá'í

50	fifty	ashdladiin
51	fifty-one	ashdladiin dóó ba'ąą t'ááłá'í
60	sixty	hastą́diin
61	sixty-one	hastą́diin dóó ba'ąą t'ááłá'í
70	seventy	tsosts'idiin
71	seventy-one	tsosts'idiin dóó ba'ąą t'ááłá'í
80	eighty	tseebídiin
81	eighty-one	tseebídiin dóó ba'ąą t'ááłá'í
90	ninety	náhást'édiin
91	ninety-one	náhást'édiin dóó ba'ąą t'ááłá'í
100	one hundred	t'ááłáhídi neeznádiin
101	one hundred and one	t'ááłáhídi neeznádiin dóó ba'ąą t'ááłá'í
200	two hundred	naakidi neeznádiin
300	three hundred	táa'di neeznádiin
400	four hundred	dį́į'di neeznádiin
500	five hundred	ashdla'di neeznádiin
600	six hundred	hastą́ądi neeznádiin
700	seven hundred	tsosts'idi neeznádiin
800	eight hundred	tseebíidi neeznádiin
900	nine hundred	náhást'éidi neeznádiin
1000	one thousand	t'ááłáhídi mííl yázhí
1,000,000	one million	t'ááłáhídi mííl
1,000,000,000	one billion	t'ááłáhídi mííl nitsaaígíí

NAVAJO ALPHABET

A	a (+ á, ía, ą, aa, aá, áá, ą́ą, ąą, ąą́, ą́ą́)
B	b
Ch	ch
Ch'	ch'
D	d
Dl	dl
Dz	dz
E	e (+ é, ée, ę, ee, eé, éé, ę́ę, ęę, ęę́, ę́ę́)
G	g
Gh	gh
H	h
Hw	hw
'	'
I	i (+ í, ií, į, ii, ií, íí, į́į, įį, įį́, į́į́)
J	j
K	k
K'	k'
kw	kw
L	l
Ł	ł
M	m
N	n
O	o (+ ó, óo, ǫ, oo, oó, óó, ǫ́ǫ, ǫǫ, ǫǫ́, ǫ́ǫ́)
S	s
Sh	sh
T	t
T'	t'
Ts	ts
Ts'	ts'
Tł	tł
Tł'	tł'

ENGLISH ALPHABET

A	a
B	b
C	c
D	d
E	e
F	f
G	g
H	h
I	i
J	j
K	k
L	l
M	m
N	n
O	o
P	p
Q	q
R	r
S	s
T	t
U	u
V	v
W	w
X	x
Y	y
Z	z

W	w
X	x
Y	y
Z	z
Zh	zh

MONTHS OF THE YEAR

English	Navajo
January	Yas Niłt'ees
February	Atsá Biyáázh
March	Wóózhch'į́į́d
April	T'ą́ą́chil
May	T'ą́ą́tsoh
June	Ya'iishjááshchilí
July	Ya'iisjáástsoh
August	Bini'anit'ą́ą́ts'ózí
September	Bini'anit'ą́ą́tsoh
October	Ghąąjį'
November	Níłch'its'ósí
December	Níłch'itsoh

Navajo also has a lunar month between September and October called Bine'na'ał'aashii, (Mating of animals).

DAYS OF THE WEEK

English	Navajo
Sunday	Damóo
Monday	Damóo Biiskání
Tuesday	Damóo dóó Naakijį́
Wednesday	Damóo dóó Tágíjį́
Thursday	Damó dóó Dį́'íjį́
Friday	Damó dóó Ashdla'ajį́
Saturday	Damóo Yázhí

COLORS

English	Navajo
white	łigai
yellow	łitso
orange	łitsxo
red	łichíí'
green	tátł'idgo dootł'izh
blue	yádootł'izh
purple	tsédídééh
brown	dibéłchí'í
gray	łibá
black	łizhin

ADVERBS AND POSTPOSITIONS

English	Navajo	Navajo Sentence	Translation
thin	áłt'ą́ą́'í	Bááh *áłt'ą́ą́'ígo* neheeshgizhígíí ła' nídíí'ááł.	Get some thinly sliced bread.
thick	ditą́	Bi'éétsoh *ditą́*.	His coat is thick.
tall	ayóí áníłnééz	Ashkii *ayóí áníłnééz*.	The boy is tall.
short	áłts'íísí	Ashkii *áłts'íísí*.	The boy is short.
big	ayóí áníłtso	Kin *ayóí áníłtso* naaznil.	There are some big buildings.
little	áłts'íísí	Kin *áłts'íísí*.	The house is small.
off	nahgóó	*Nahgóó* ani'aah.	Take it off of it.
on	bikáá'	*Bikáá'* si'ą́.	It is on top of it.
there	níléíjí	*Níléíjí* si'ą́.	It is there.
here	kǫ́ǫdí	*Kǫ́ǫdí* si'ą́. (or kóoní)	It is there.
high	bąąh nízaad	Hooghan *bąąh nízaad*.	It is a high hogan.
low	bąąh áhą́dí	Hooghan bąąh áhą́dí.	It is a low hogan.
around	yinásdzá	Hooghan *yinásdzá*.	He went around the hogan.
through	yináká	Tsésǫ' ąą'át'éego *yinákà'na*.	He went through the open window.
up	dego	*Dego* díní'įį'. (or deigo)	Look up.
down	yaago	*Yaago* díní'įį'.	Look down.
in	bii'	Jooł tsits'aa' *bii' si'ą́*.	The ball is in the box.
out	hayíí'ą́	Tsits'aa' yii' *hayíí'ą́*.	He took it out of the box.

to	-góó	King*óó* ííyá.	She went to the store.
from	-déé'	Kin*déé'* nádzá.	She came back from the store.
top	bikáa'gi	Tsits'aa' *bikáa'gi* dootł'izh.	The box is blue on top.
bottom	biyaadę́ę́'	Tsits'aa' *biyaadę́ę́'* łichíí'	The box is red on the bottom.
near	ahą́ą́dígóó	Chidí hooghan dóó *ahą́ą́dígóó* sizį́.	The car is standing near the hogan.
far	nízaadi	Hooghandóó chidí *nízaadi* sizį́.	The car is standing far from the hogan.
left	nishtł'ajigo	*Nishtł'ajigo* dah diiyá.	He turned left.
right	nish'náajigo	*Nish'náajigo* dah diiyá.	He turned right.
front	bilą́ąjį'	Jooł tsits'aa' *bilą́ąjį'* si'ą́.	The ball is in front of the box.
back	bikéédę́ę́'	Jooł tsits'aa' *bikéé'dę́ę́'* si'ą́.	The ball is in back of the box.
on top of	bikáa'gi	Jooł tsits'aa' *bikáa'gi* dah si'ą́.	The ball is on top of the box.
under	bitł'áahdi	Jooł tsits'aa' *bitł'áahdi* si'ą́.	The ball is under the box.
narrow	áłts'óózíyee'	Kin *áłts'óózíyee'*.	The house is narrow.
wide	ayóí áníłtéél	Kin *ayóí áníłtéél.*	The house is wide.